THE PROBLEM

20 tons > 1,1kg

OF TRASH PER DAY IN
SAO PAULO

OF TRASH PER PERSON
EACH DAY

13%

OF DOMESTIC TRASH IN BRAZIL ARE
COMPOSED BY PAPER, CARDBOARD
AND CARDBOARD PACKAGES (SAME
PERCENTAGE OF PLASTIC)

TETRA BRIK PACKAGE

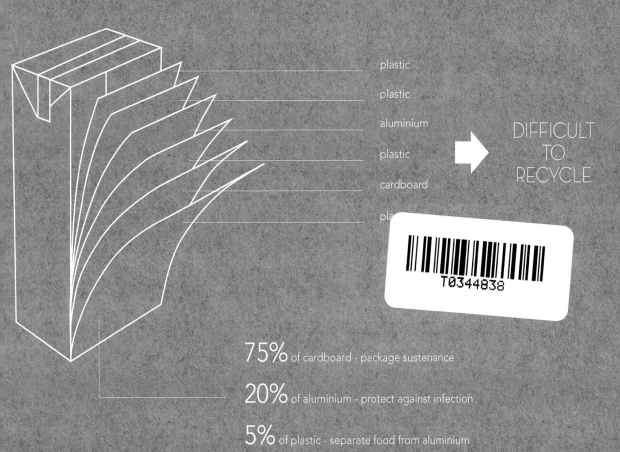

plastic

plastic

aluminium

plastic

cardboard

plastic

DIFFICULT
TO
RECYCLE

T0344838

75% of cardboard - package sustenance

20% of aluminium - protect against infection

5% of plastic - separate food from aluminium

Green Packaging Solutions
Copyright © 2016 Instituto Monsa de Ediciones

Editor, concept, and project director
Anna Minguet

Co-author
Miquel Abellán

Project's selection, design and layout
Miquel Abellán
(Monsa Publications)

Cover design
Eva Minguet
(Monsa Publications)

INSTITUTO MONSA DE EDICIONES
Gravina 43 (08930)
Sant Adrià de Besòs
Barcelona (Spain)
Tlf. +34 93 381 00 50
www.monsa.com
monsa@monsa.com

Visit our official online store!
www.monsashop.com

Follow us on facebook!
facebook.com/monsashop

ISBN: 978-84-16500-37-6
D.L. B 21875-2016
Printed by Indice

GREEN PACKAGING SOLUTIONS

by Miquel Abellán

monsa

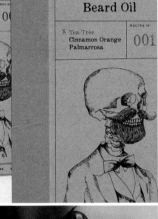

Recyclable

Ecological

In the recent years, packaging materials usage are more and more environmentally friendly.

In the following pages we will find packaging designs for all kinds of products, all accompanied by different icons to highlight whether it's a recyclable, eco-friendly, reusable, organic or biodegradable product.

Original designs, which can be reused to prolong their life.

Reusable

Organic_Product

Cada día se apuesta más por el uso de materiales ecológicos para empaquetar o envasar.

En las siguientes páginas encontraremos diseños de packaging para todo tipo de productos, todos acompañados de diferentes iconos para destacar si se trata de un producto reciclable, ecológico, reutilizable, orgánico o biodegradable.

Diseños originales, que se les puede dar un segundo uso y conseguir reutilizarlos para prolongar su vida.

Bio_Degradable

Intro

Global responsibility and commitment to the environment means the pressure is on to seek environmentally friendly and sustainable solutions to combat mounting environmental degradation.

The aim is to ensure that, as far as possible, every form of packaging on the market consists of non-toxic materials with a view to protecting and safeguarding the health of both consumer and planet; all raw materials must be biodegradable and totally recyclable, either for new packaging or, at the very least, re-usable in the home. Hundreds of innovative ideas have demonstrated just how a package can be more than just a container.

Packaging products are designed to last as long as possible before recycling, where the vital process starts all over again. The importance of recyclable packaging is clearly recognised by all market sectors; either because the product itself is natural and eco-friendly or manufacturers wish to draw attention to the essence of the product, demonstrating commitment to environmental protection through company products.

The interest shown by designers in this field of packaging is clearly demonstrated by the outcome of numerous remarkable projects.... recyclable packaging, packaging produced from sustainable, eco-friendly recycled materials, re-usable packaging in its existing state, at least for a couple of times more or even repeatedly.

Whatever the product, all of this packaging has one thing in common: a container intentionally designed to protect and preserve our environment.

La responsabilidad y el compromiso mundial nos lleva, cada vez con más apremio, a buscar soluciones respetuosas con el medio ambiente, sostenibles y no agresivas con un entorno cada vez más susceptible a los cambios.

Se procura que cada envase que sale al mercado contenga los mínimos elementos nocivos para la salud del consumidor y para la salud del planeta, que todos los componentes que forman el envase sean, después de su uso, totalmente reciclables, bien siendo biodegradables, reciclables para nuevos envases, o simplemente dándoles un segundo uso en el hogar.

Cientos de propuestas nos muestran como conseguir que un envase no sea solo un contenedor para un producto.

Su vida se alarga lo máximo posible antes de entrar en el proceso de reciclado y continuar así el círculo vital.

Todos los sectores muestran interés por los envases reciclables, ya sea por que el producto es natural o ecológico y necesita reflejar a primera vista su espíritu, ya sea por que la empresa desea mostrar su compromiso medioambiental a través de sus productos.

El interés que los diseñadores muestran en este campo del packaging nos ha permitido encontrar proyectos realmente interesantes producidos en esta dirección.... Envases que son reciclables, envases que proceden del reciclado, materiales que son ecológicos y sostenibles, envases que se reutilizan una y otra vez, o que reconvierten su función para seguir siendo útiles.

Envases para productos que, sea cual sea su contenido, tienen una misma cosa en común: un contenedor respetuoso con un proyecto de futuro, el compromiso con el medio ambiente.

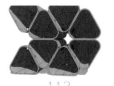

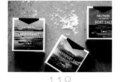

LA NOTE

Student Project Intuit.lab
Calvisson ◊ France
designers Mathilde Laffon,
Marine Giraud, Julie Ferrieux
www.mathildelaffon.com
behance.net/marinegiraud
behance.net/JulieFerrieux

Paper Tigre is a young stationery brand whose first collection of books and objects released in 2011.
It was founded by five thirty that combine their creative universe to make again the writings valuable. It uses only recycled paper made in France. Today Papier Tigre develops and launches into a range of cosmetics for women. She called the Note, which refers to the note of a fragrance and note that you can register, referring to his many books. The packaging is inspired by his paper world that is influenced by origami.

Paper Tigre es una joven marca de material de papelería cuyo primer lanzamiento de libros y objetos tuvo lugar en 2011.
Fue fundada por Five Thirty que combinan su universo creativo para dar de nuevo valor a la escritura. Utiliza solo papel reciclado hecho en Francia. Hoy, Papier Tigre desarrolla y lanza una gama de cosméticos para mujeres. Se llama la Nota, que se refiere a la nota de una fragancia y nota que uno puede tomar, refiriéndote a sus muchos libros. El paquete está inspirado por su mundo de papel que está influenciado por el origami.

RAZATUŠA

Studio Šesni & Turkovi
Zagreb ◊ Croatia
designers
Marko Šesni, Goran Turkovi
illustrator Tomislav Tomi
www.sesnicturkovic.com

Razatuša is a family-produced olive oil. The oil is of superior quality and because of limited production, only a part of it is available for general sale. The label for Razatuša is printed on raw cotton fabric and stitched through. That way we avoided the imprecise hand labelling or using an automatic labelling machine, and we emphasized the charm of family, hand-made production.

Razatuša es un aceite de oliva producido de forma familiar. El aceite es de calidad superior y debido a su producción limitada, solo parte de este está disponible para la venta al público. La etiqueta para Razatuša está impresa en tela de algodón crudo y punteada de lado a lado. De esta forma evitamos la imprecisa etiquetación a mano o usar una máquina de etiquetación automática, y enfatizamos el encanto de la producción familiar, hecha a mano.

L'INGREDIENT

Studio Can Cun
Barcelona ◊ Spain
designers
Albert grèbol, Núria Vilal
photo Padilla&Rigau
www.fromcancun.com

L'ingredient is a small shop at Manresa where more than 500 product references are sold in bulk. Far from falling on clichés, we wanted the brand and the shop to be spaces where all sorts of public would feel at ease shopping.
The ability to generate identity through the same applications as the only resource of a typography. A very characteristic stencil, rounded and monospace typography achieves turning communication and space into identity.
The typography has been reproduced on wood, paint or ink, on paper bags, sacks, walls and coloured papers.

L'ingredient es un pequeño comercio de Manresa donde se venden más de 500 referencias de productos a granel. Lejos de caer en tópicos, queríamos que la marca y la tienda fueran espacios donde todos los públicos se encontraran cómodos comprando.
La capacidad de generar identidad a través de las mismas aplicaciones como único recurso de una tipografía. Una tipografía stencil, rounded y monospace muy característica, logra que la comunicación y el espacio se conviertan en identidad.
Se ha reproducido la tipografía en madera, pintura o tinta, sobre bolsas de papel, sacos, paredes y papeles de colores.

ARROSSOS:

Tenim molt
bé de preu:

Panses
sultanes

0,52 €/ 100 gr

Basmati,
salvatge,
integral,
i risotto
de ceps.

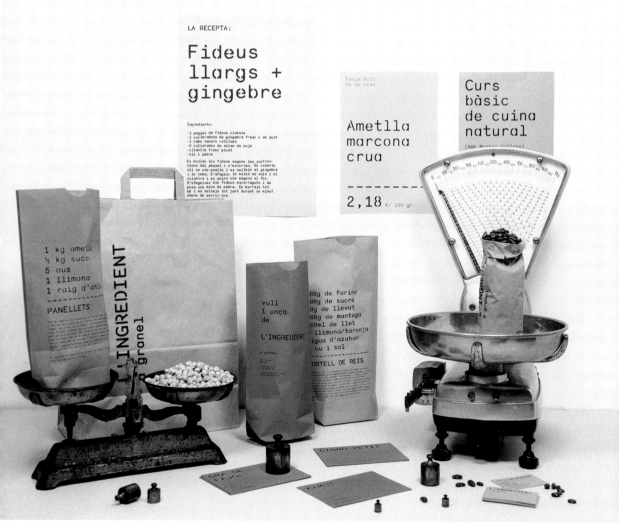

In 2014, Sao Paulo faced its worst water crisis. The Cantareira system, responsible for 45% of Sao Paulo water supply, reached its worst levels in history. The task was to redesign a solution that optimizes the use of water and avoids its waste. People throw away tons of trash every day, and the best way to avoid all this waste is recycling.

But recycling is not as easy as it seems, specially milk packaging. They are made by 6 layers of different materials, and to recycle it it's necessary different processes just to separate the materials - and all this process involves water waste.

Re-Pack Milk is a solution to avoid all these waste to separate materials, thus making recycling easier and faster.

It's made by cardboard for sustenance and flexible cornstarch bioplastic, and they are already separated - all you have to do is to open the cardboard and fit the plastic package into it. During discard, the user can separate the materials by himself. The flexible bioplastic uses 70% less plastic than conventional rigid plastic packages.

It comes with 4 flexible plastic packages and 1 cardboard package, saving paper production. Nowadays, people live in smaller apartments, with less space for storage, so they go more often to the market. In this way, the package is thought for rapid consumption, with 700 ml of milk each package.

En 2014 Sao Paulo se enfrentó a su peor crisis de agua. El sistema Cantareira, responsable del 45% del suministro de agua de Sao Paulo alcanzó los peores niveles en su historia. La tarea era rediseñar una solución que optimizara el uso de agua y evitara su desperdicio. La gente tira toneladas de basura cada día, y la mejor forma de evitar toda esta basura es reciclando.

Pero reciclar no es tan fácil como parece, especialmente los cartones de leche. Estos están hechos de 6 capas de materiales distintos, y para reciclarlos se necesitan diferentes procesos solo para separar los materiales – y todos estos procesos implican agua.

Re-envasar leche es una solución para evitar todo este desperdicio para separar los materiales, y por tanto, haciendo el reciclado más fácil y rápido. Está hecho de carbón para sostenerse y de bio-plástico flexible de almidón de maíz, y estos están ya separados – todo lo que tienes que hacer es abrir el cartón y encajar el paquete de plástico en él. Durante su descarte, el consumidor puede separar los materiales él mismo. El bio-plástico flexible usa un 70% menos de plástico que los envases de plástico rígido convencionales.

Viene con 4 envases de plástico flexibles y 1 envase de cartón, ahorrando en producción de papel. Hoy en día, la gente vive en apartamentos más pequeños, con menos espacio para almacenar, así que van más a menudo al mercado. De esta forma, el envase se concibe para su consumo rápido, con 700 ml de leche en cada envase.

RE-PACK MILK

Student Project
University of Sao Paulo
São Paulo ◊ Brazil
designers Danilo Saito,
Maira Kondo, Willian Mizutani,
Lau Bellesa, Mariana
Mascarenhas
www.danilosaito.com

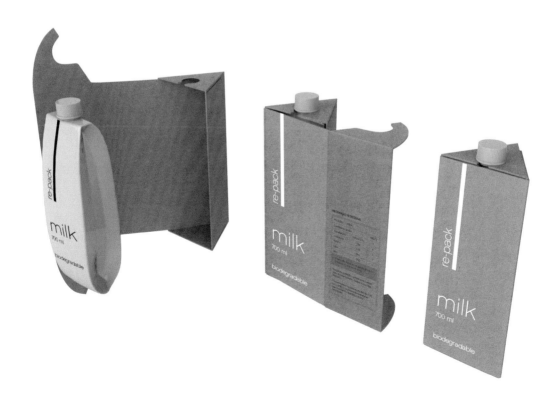

RE-PACK MILK

Student Project
University of Sao Paulo
São Paulo ◊ Brazil
designers Danilo Saito,
Maira Kondo, Willian Mizutani,
Lau Bellesa, Mariana
Mascarenhas
www.danilosaito.com

PACKAGE COMPARATIVE

GLASS BOTTLE

- High cost of production and material
- Heavier - Waste during transport

TETRA BRIK PACKAGE

- Need to separate materials for recycling
- Use a lot of water for recycling process

RE-PACK

- Materials already separated, making recycling easier and more sustainable
- Less paper production
- Less plastic production

Better storage during discard

Rigid plastic package or glass bottle

Flexible bioplastic package

THE PROBLEM

20 tons ❯ 1,1kg

OF TRASH PER DAY IN
SAO PAULO

OF TRASH PER PERSON
EACH DAY

13%

OF DOMESTIC TRASH IN BRAZIL ARE
COMPOSED BY PAPER, CARDBOARD
AND CARDBOARD PACKAGES (SAME
PERCENTAGE OF PLASTIC)

TETRA BRIK PACKAGE

plastic

plastic

aluminium

plastic

cardboard

plastic

DIFFICULT
TO
RECYCLE

75% of cardboard - package sustenance

20% of aluminium - protect against infection

5% of plastic - separate food from aluminium

PIQUENTUM
BRAZDA

Studio Sonda
Vizinada ◊ Croatia
creative directors
Jelena Fiskus, Sean Poropat
www.sonda.hr

Preparations necessary to create the bottle labels for this wine edition, bottled in 2014, date back to the 2012. More precisely, they started on 21.09. 2012. - on the day of grape harvest in a vineyard situated in the region of Istria (Croatia), unique because for 80 years it had been cultivated exclusively by using natural methodologies. Time, space and honesty - that's what Brazda winemaker believes being crucial for the quality of wine. That is why the production of bottle labels for this wine had begun by collecting 200 copies of "Glas Istre", daily newspaper of the Istrian region, printed on the day of the harvest, and that is actually the embodiment of the symbolism of time (21.09. 2012.), of space (regional newspaper of the area where the wine is produced) and honesty (information transmitted by newspaper in a given time and space). Honest is as well the way in which labels are produced from the original newspaper paper: the pages taken are deprived of all extras, reflecting thus the character of the wine itself. At the same time the graphic element of the newspaper text that resembles a cultivated field, very appropriately recalls the wine name: Brazda (meaning: furrow).

Preparativos necesarios para crear las etiquetas de botella para esta edición de vino, embotellada en 2014, que se remonta al 2012. Más precisamente, empezaron en el 21.09.2012. – el día de la cosecha de uva en un viñedo situado en la región de Istría (Croacia), que es única porque durante 80 años ha sido cultivada exclusivamente usando metodologías naturales. Tiempo, espacio y honestidad – Esto es en lo que los productores de vino Brazda creen que es crucial para la calidad del vino. Es por eso que la producción de etiquetas para este vino ha comenzado recogiendo 200 copias de "Glas Istre", el periódico diario de la región de Istria, impreso en el día de la cosecha, y que es realmente la encarnación del simbolismo del tiempo (21.09.2012.), el espacio (el periódico regional de la zona donde se produce el vino) y la honestidad (información transmitida por el periódico en un tiempo y en un espacio dados). También es honesta la forma en la que se producen las etiquetas con el papel original del periódico: las páginas que se toman son desprovistas de todos los extras, reflejando así el carácter del vino mismo. Al mismo tiempo el elemento gráfico del testo del periódico que parece un campo cultivado, recuerda de forma muy apropiada el nombre del vino: Brazda (que significa: surco).

PIQUENTUM
Brazda '12

Istrian Malvasia

The grapes for this wine matured on the vineyard grown on Istrian ruddle soil, rich in iron and bauxite, that is treated solely by natural methods for 80 years. The wine is made in the traditional Istrian manner by spontaneous fermentation. Aged in oak barrels for 18 months. Organic product.

LABEL: Glas Istre, daily newspaper of the Istrian region, September 21st 2012. edition, on the day of the grape harvesting for the wine Brazda.

PRODUCED AND BOTTLED BY:
Dimitri Brečević, Vinski podrum Buzet
Buzet, Istria, Croatia

No. 7/200

12.5%vol. *Product of Croatia* 0.75l

PEAR

Studio Futura
Monterrey ◊ México
design Futura
www.byfutura.com

Pear is a brand of Australian organic products which is born out of the Taiwanese people preoccupation with nutrition and good health. The aim of the communication was to generate trust among the consumers, finding a balance between something that denoted to be literally pulled out of the ground (organic, artisanal) and at the same time, a product with very high standards of quality, modern and aspirational.

Pear es una marca de productos orgánicos Australianos que nace de la preocupación por la nutrición y la buena salud de los Taiwaneses. El objetivo de la comunicación era generar confianza entre los consumidores, encontrando un equilibrio entre algo que denotara ser literalmente sacado de la tierra (orgánico, artesanal) y al mismo tiempo, un producto con estándares de calidad muy altos, moderno y aspiracional.

ORGANIC COTTON COLOURS

Studio Ciclus
Barcelona ◊ Spain
designer Tati Guimarães
photography Juan Castaño
www.ciclus.com

The packaging was designed to pack up and transport fabric samples by mail. It can be adjusted for a greater or lesser volume depending on the amount of samples requested.
The packaging is made with the minimum of materials and processes. 100% recycled cardboard (mono material). It adapts to different volumes.

El packaging fue diseñado para embalar y transportar muestras de tela por correo. Se ajusta a un volumen mayor o menor dependiendo de la cantidad de muestras solicitadas.
El packaging esta hecho con el mínimo de materiales y procesos. Cartón 100% reciclado (monomaterial). Se adapta a diferentes volumenes.

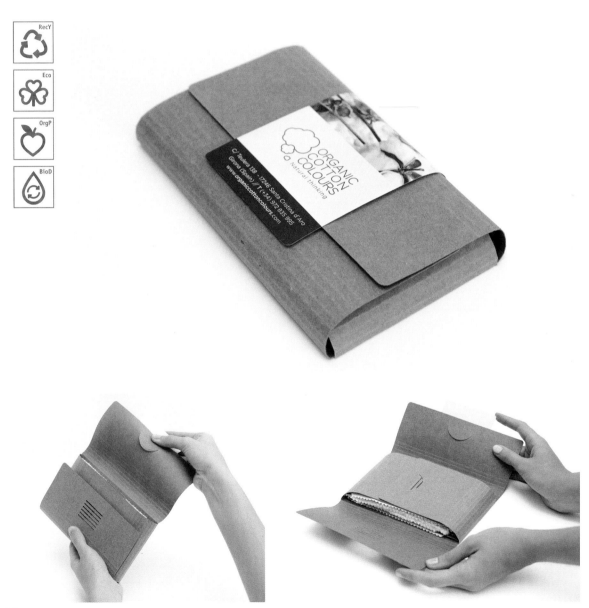

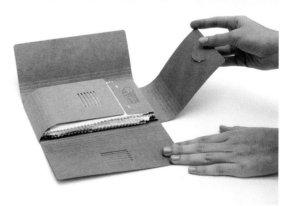

ACTIWATT

Studio Can Cun
Barcelona ◊ Spain
designers
Albert grèbol, Núria Vilal
www.fromcancun.com

Euronet 50/50 max. design, a great format game. Redesigning the questions, the challenges and the game rules.
Made with natural products (cork, wood, slate...) and conceived to be easy to move and assemble. We can make two games from one, depending on the participants and their ages.

Diseño de Euronet 50/50 max. un juego de gran formato. Rediseño de las preguntas, las pruebas y de las normas del juego.
Realizado con productos naturales (corcho, madera, pizarra ...) y pensado para que sea fácil de mover y montar. De un juego podemos hacer dos, dependiendo de los participantes y de sus edades.

EGG BOX "TOASTER"

Studio Focus Creative
Sopron ◊ Hungary
designer Török Ádám
photo Szalai Csaba
www.behance.net/adamtorok

I interested in the wise of opening, the way as I show the things what the packaging is hide. Supplemented with a little joke which can connects with the mourning routine. I wanted to leave all the examples that I saw before and design something clean and funny.
This package won a special award for innovation.

Me interesa el sistema de la apertura, la manera como muestro las cosas que contienen los embalajes cerrados. Complementándolo con un pequeño juego que alegre la triste rutina. Quería dejar de lado los ejemplos que he visto antes y diseñar algo limpio y divertido.
Este paquete ganó un premio especial a la innovación.

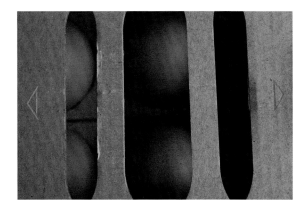

GIGI BLOKS

Studio Janis Andersons
Riga ◊ Latvia
designer Janis Andersons
www.field.lv

Kid has always something flamboyant on the mind. Gigi Bloks inspire to approach even the craziest ones. Gigi Bloks encourages to play, learn and move.
You can draw, write and paint on them. You can playout limitless scenarios and build mystic creatures. You can experiment, create and re -create. And so – till the moment you need to go to bed.
Gigi Bloks are made of the sustainable, eco – friendly materials from renewable resources. They are easily foldable, durable and space conscious. Gigi Bloks are perfectly suited for building the creativity: developing own designs and gaining the joy of new creation of unseen forms. The intent of the packaging is to demonstrate the limitless building possibilities to the kids and their parents:
1. We have combined daily objects in the playroom with the building blocks, thus enliven the fantasy object in common places.
2. Colouring possibilities of the blocks gives additional edge to the possibilities of expression.
3. In the environment of the pictures have eliminated the formal space, thus emphasizing the product and the limitless, unframed space of fantasy.
GiGi Bloks is a new brand from Latvia, that inspires to play, learn and build the ideas. We believe that the simpler the toy – the more space for the child envisioning.

Los niños siempre tienen algo extravagante en la cabeza. Gigi Bloks inspira a acercarse incluso a los más locos. Gigi Bloks anima a jugar, aprender y moverse.
Puedes dibujar, escribir y pintar en ellos. Puedes desarrollar escenarios sin límites y construir criaturas místicas. Puedes experimentar, crear y re-crear. Y así – hasta el momento en el que tienes que irte a la cama.
Los Gigi Bloks están hechos de materiales sostenibles y ecológicos de fuentes renovables. Son fáciles de plegar, duraderos y ocupan poco espacio. Gigi Bloks son perfectamente adecuados para fomentar la creatividad: desarrollando diseños propios y motivando la alegría de la creación de nuevas formas antes no vistas. La intención del embalaje es demostrar las posibilidades ilimitadas de construcción a los niños y sus padres:
1. Hemos combinado objetos cotidianos en la sala de juegos con los bloques de construcción, y así avivan la fantasía del objeto en lugares comunes.
2. Las posibilidades de colorear los bloques da una ventaja adicional a las posibilidades de expresión.
3. En el entorno de imágenes se ha eliminado el espacio formal, de esta manera se hace un énfasis en el producto y en el espacio de fantasía ilimitado y sin marcos.
GiGi Bloks es una nueva marca de Lituania que inspira a jugar, a aprender y a construir ideas. Creemos que cuanto más simple sea el juguete – más espacio para la imaginación del niño.

GIGI BLOKS

Studio Janis Andersons
Riga ◊ Latvia
designer Janis Andersons
www.field.lv

TRITICUM

Studio Lo Siento
Barcelona ◊ Spain
www.losiento.net

Packaging design for Triticum, a bakery founded
by baker Xevi Ramon.

Diseño de envases para Triticum, un horno fundado
por el panadero Xevi Ramon.

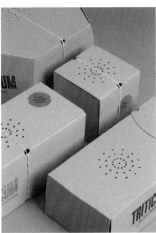

HARVEST BAG

Studio Rong Design
Shanghai ◊ China
designers Li Sun, Chenli Yuanxun,
Rongrong Duan, Nan Yu
photographer Liyuanxun Chen
www.rong-design.com

Woven bag is the most traditional packaging used for cereals in China due to its low price, easy production and so on. There are, however, many drawbacks to woven bags. On the one hand, the market is glutted with woven bags of all different colors, greatly hindering brand recognition. Due to the pressures of costs, many brand products are drowned by countless other similar products. More importantly, used woven bags produce a huge amount of non-recyclable garbage, posing a severe burden on the environment.

The ingenious Harvest bag can be recycled into fashion bag due to the woven bag's feature of tenacity after unpacked for eating. Combined with fashionable visual effect and reinforced material properties, the waste is given a new life in a new form.

Harvest, literally meaning abundance, symbolizes the qualities of agricultural food products. While Harvest Bag is a symbol of fruitful results, echoing that the future product can serve as shopping bag. The overall simple and pure bag, without excessive patterns and colors, is in keeping with the core design, indicating the concepts of environmental protection and healthy living as advocated by the brand.

La bolsa de tela es uno de los envases para cereales más usados en China debido a su bajo precio, fácil producción, etc. Las bolsas de tela sin embargo tienen muchas desventajas. Por un lado, el mercado está abarrotado con bolsas de tela de todos los colores, obstaculizando enormemente el reconocimiento de las de marca. Debido a las presiones de costes, muchos productos de marca son ahogados por incontables productos similares. Más importante, las bolsas de tela usadas producen una enorme cantidad de basura no-reciclable, planteando una carga severa para el medioambiente.

La ingeniosa Harvest Bag puede ser reciclada en una bolsa de moda debido a la característica tenacidad de la bolsa de tela después ser desempaquetada para comer. Combinada con un elegante efecto visual y las propiedades del material reforzadas, el residuo recibe una nueva vida en una nueva forma.

"Harvest", significa literalmente abundancia, simboliza las cualidades de los productos alimentarios agrícolas, mientras que "Harvest bag" es un símbolo de resultados fructíferos, haciéndose eco de que el producto futuro puede servir como una bolsa de compras. La bolsa que es por encima de todo simple y pura, sin patrones excesivos ni colores, se mantiene fiel al diseño original expresando los conceptos de la protección medioambiental y vida sana como se defiende por parte de la marca.

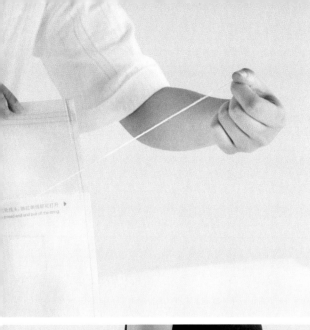

THE
HARVEST
BAG

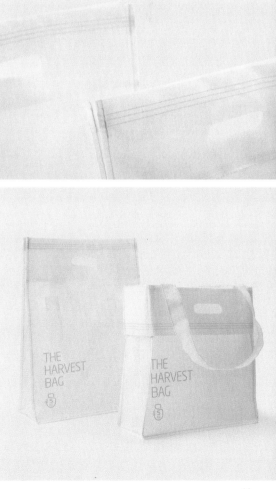

ACTOR

Studio Athanasios Babalis
Thessaloniki ◊ Greece
design Athanasios Babalis
photo Angelos Zymaras
www.ababalis.com

Actor is a wooden mini suitcase, tailor made for modern notebooks. The case is light, friendly and fully protects the notebook, its power supply and the mouse. It can accept various sizes of notebooks (up to 17" screen size). The stainless steel door can be secured with a lock or a thumb screw. The interior is covered with thick natural felt, for maximum protection.

Actor es una mini maleta, hecha a medida para los portátiles modernos. El estuche es ligero, agradable y protege completamente al portátil, su cable y el ratón. Puede aceptar distintos tamaños de portátiles (hasta tamaños de pantalla de 17''). La tapa de acero inoxidable puede asegurarse con un cierre o un tornillo de muletilla. El interior esta forrado con fieltro grueso natural, para una protección máxima.

YOUSLI

Agency Brands to life
Melbourne ◊ Australia
art director & designer
Paul Findlay
www.brandstolife.com.au

Yousli is a feel-good Australian whole food muesli brand. The packaging design was inspired from their brand platform of 'We make your mornings feel good'.
From that point on the iconic smiley pack was born. The muesli is made by hand so it was important to have the packaging made from 100% recyclable cardboard in a reusable tube. The packaging has also been designed to act as a mascot for social media purposes.

Yousli es una marca australiana de comidas de muesli integral. El diseño del envase estaba inspirado en su plataforma de marca de 'Hacemos que te sientas bien en tus mañanas'. Desde ese momento en adelante nació el icónico envase sonriente. El muesli está hecho a mano así que era importante tener un envase hecho al 100% de cartón reciclable en un tubo reusable. El dibujo también ha sido diseñado para actuar como una mascota en las redes sociales.

MIRTH
AND FLARE

Agency The Creative Method
Sydney ◊ Australia
www.thecreativemethod.com

Bianca Ashley handcrafts scented candles. Hand poured, 100% soy wax with lead-free cotton wicks and free from nasty toxin and chemicals. Bianca had been making her candles to order, trading without a brand name, packaging or labeling. Trading mostly online and looking to expand her business in to craft markets but realised she needed an recognisable identity and packaging.

We worked with Bianca to develop a name for her unique boutique range of candles, designing the logo and the labelling. The final logo was a contemporary take on the traditional hand lettering, incorporating a playful use of flame and wick.

With a limited budget in mind, we looked to add personality to plain packaging with adhesive labelling and tags. A vivid bold geometric pattern was created to frame the logo on labels and as backing to the tags, the pattern was a reflection of the candles rich indulgent scents and its form loosely based on a flame.

Bianca Ashley hace velas aromáticas a mano. Son vertidas a mano, 100% cera de soja con mechas de algodón sin plomo y sin asquerosas toxinas ni químicos. Bianca ha estado haciendo sus velas por pedido, comerciando sin un nombre de marca, empaquetado o etiquetado. Vendiendo sobre todo online e intentando expandir su negocio en mercados de artesanía se dio cuenta de que necesitaba una identidad reconocible y un empaquetado.

Trabajamos con Bianca para desarrollar un nombre para su gama boutique única de velas, diseñando el logo y el etiquetado. El logo final fue un enfoque contemporáneo de la caligrafía a mano tradicional, incorporando un uso juguetón de la llama y la mecha.

Con un presupuesto limitado en mente, buscamos añadir personalidad al envase con etiquetas adhesivas y pegatinas. Se creó un vivo y atrevido patrón geométrico para enmarcar el logo en las etiquetas y como fondo a las pegatinas, el patrón es un reflejo de el aroma rico e indulgente de las velas y su forma basada en la silueta estilizada de una llama.

AGROCAL

Studio Sonda
Vizinada ◊ Croatia
creative directors
Jelena Fiskus, Sean Poropat
art director Martina Sirotic
designer Andrej Glavicici
illustrator Eugen Slavik
www.sonda.hr

Agrocal powder is a natural and eco friendly source of Ca and Mg that increases soil fertility. It is produced by Lafarge Holcim, a company focused mainly on the B2B business, now wanting to increase its visibility and reach the end users as well. Agrocal was primarily used for crops, packed in bags of 1.2 t and 25 kg, but in order to reach urban gardeners it is now designed as a small packaging of 4 kg. The solution aims to pack the product in ecological, easily degradable paper that uses only one color in print. It is set in a wooden box that is not supposed to be disposed off, but repurposed and reused by gardeners. Different motivational sayings are carved on the box in order to encourage gardeners to a kind of collecting. The principle of functionality within the retail space was the key point: the packaging is designed so that the boxes can be stacked one upon another, becoming an independent entity without having to struggle for a place on the shelves in the usually crowded agriculture supply stores. Another very important functional element for the customer is the possibility to have an easy transport by means of a handle on the box.

El polvo Agrocal es una fuente natural y ecológica de Ca y Mg que aumenta la fertilidad del suelo. Es producido por Lafarge Holcim, una compañía enfocada principalmente en el negocio B2B (de empresa a empresa), que ahora quiere aumentar su visibilidad y alcanzar a los usuarios finales también. Agrocal era utilizada principalmente para cultivos, empaquetada en bolsas de 1.2t y 25kg, pero para llegar a jardineros urbanos ahora está diseñado como pequeños paquetes de 4 kg. La solución tiene como objetivo empaquetar el producto en papel ecológico, fácilmente degradable que use un solo color en su impresión. Está colocado en una caja de madera que se supone no se debe desechar, sino que el jardinero le busca un nuevo propósito y uso. Distintos dichos motivacionales están grabados en la caja para animar a los jardineros a un tipo de recogida específico. El principio de funcionalidad dentro del espacio de venta era el punto clave: el empaquetado está diseñado para que las cajas puedan ser apiladas una sobre la otra, convirtiéndose en entidades independientes sin tener que luchar por un lugar en las estanterías de los almacenes de productos agrícolas normalmente muy concurridos. Otro elemento funcional muy importante para el cliente es la posibilidad de un transporte fácil gracias al asa en la caja.

BOOMERANG

Novi Sad ◊ Serbia
designers Velimir Andrejevic,
Sofija Gavrilovic
www.boomerangstories.com

Devoted to the concept of returning/coming back in these stories, the representative that was assigned a hero role for flying objects is the Boomerang. His qualities have earned Him a status of a symbol in these terms. The packaging was conceived as both a storage box and a wall frame (when the boomerang is not used) which can be easily hung on a wall with the boomerang suspended in it as an art piece.

Leal al concepto de retornar / volver en estas historias, el Boomerang es el representante al que se asignó el role de héroe de los objetos volantes. Sus cualidades le han ganado el estatus de símbolo en estos términos.
El empaquetado se concibió a la vez como una caja de almacenado y como un marco de pared (cuando el boomerang no es usado) que puede ser fácilmente puesto en una pared con el boomerang colgado en ella como una pieza artística.

BOOMERANG

Novi Sad ◊ Serbia
designers Velimir Andrejevic,
Sofija Gavrilovic
www.boomerangstories.com

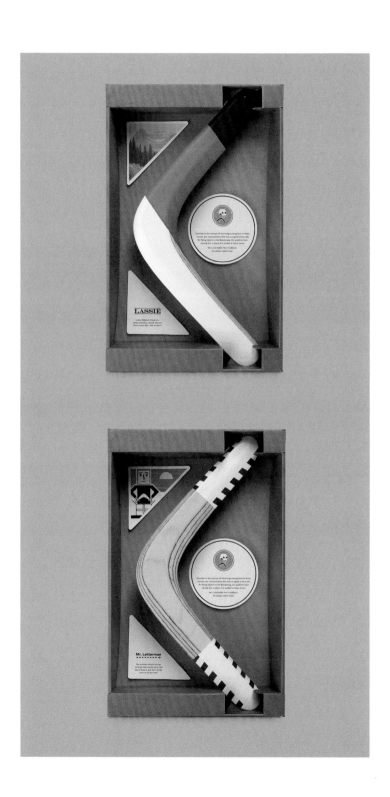

OBI

Agency The Creative Method
Sydney ◊ Australia
www.thecreativemethod.com

We were commissioned by the Obi team in the USA to develop packaging for their new to world healthy probiotic soda. Our design challenge was to marry scientific and healthy efficacy with sodas fun and vibrancy.

Our solution utilised an abundance of white space on the label to deliver healthy efficacy – stark contrast to overly saturated coloured cans and labels of most US soda brands.

Natural ingredient photography is masked by science inspired bubble style illustrations. Resulting in easily recognisable flavour variants whilst retaining the fun and vibrancy required within the soda space.

A simple addition of brackets to the word "pr(obi)otic" helps articulate the origins of the brand name.

Recibimos el encargo del equipo Obi en los EEUU para desarrollar el envase para su nueva y saludable soda probiótica. El reto de nuestro diseño era casar la eficacia científica y saludable con sodas divertidas y vibrantes.

Nuestra solución usó una abundancia de espacio en blanco en la etiqueta para promocionar la eficacia saludable – en claro contraste con las sobre saturadas latas y etiquetas de colores de la mayoría de las marcas estadounidenses.

La fotografía de ingredientes naturales esta enmascarada por ilustraciones de estilo burbuja, inspiradas en la ciencia. Estas resultan en variedades de sabores fácilmente reconocibles mientras se retiene la diversión y la vitalidad necesarias dentro del espacio de las sodas.

Simplemente el añadir un paréntesis a la palabra "pr(obi)otic" ayuda a articular los orígenes del nombre de la marca.

PACK-BASKET

Studio Ciclus
Barcelona ◊ Spain
designer Tati Guimarães
www.ciclus.com

The packaging is made with the very fabric manufactured by the customer (Organic Cotton Colours) and it´s inspired on the artisanal harvest bags. It can be reused as a small bag or, after folding its corners, turned into a basket.
The seams and manipulations have been reduced to a minimum. It´s made with the minimum possible materials and processes. 100% organic cotton.

El packaging esta hecho con la propia tela fabricada por el cliente (Organic Cotton Colours) y esta inspirado en las bolsas de cosechas artesanales. Puedes reutilizarlo como bolsita o, al doblar los bordes, se convierte en un cesto.
Lleva el mínimo de costura y manipulados. Esta hecho con el mínimo de materiales y procesos. Algodón 100% orgánico.

URNEL

Studio Formboten
Hannover ◊ Germany
designers
Florian Langer / Patrick Decker
www.formboten.com

The feature of the urn is its entirety minimalist appearance, which was realized by gentle and complex shape transitions. Simple shapes, like the circle or the square can be found in the individual sideviews, to show the complexity of human being. There are two different material concepts. The regular material for the urn is a combination of Bioplastic (polylactide, PLA) and the compressed reusable waste product from corc.
For a water funeral the material could be a material which dissolve in the water. The material could be Polyvinyl alcohol (PVOH) which is used as support material in 3D printing.

La característica de la urna es su apariencia enteramente minimalista, que se consiguió con transiciones de forma suaves y complejas. Formas sencillas, como el círculo o el cuadrado pueden encontrarse en las vistas laterales, para mostrar la complejidad del ser humano. Hay dos conceptos materiales distintos. El material estándar para la urna es una combinación de Bioplástico (poliláctido, PLA) y el producto de los residuos reusables comprimidos del corcho.
Para un funeral acuático el material debería ser un compuesto que se disuelva en el agua. El compuesto podría ser alcohol polivinílico (PVOH) que es usado como material de soporte en impresión 3D.

GROW
WITH ME

Student Project
ELISAVA
Barcelona ◊ Spain
designers Andrea Ribera, Cristina
Castells, Maria Fernanda Peña
illustrations Andrea Ribera
www.andrearibera.com
www.behance.net/cristinacastells
www.behance.net/MariaFernanda_05

Ecopackaging project: pack design respectful with the enviroment and with double function. We generated an attractive box for an adult (parents) and children audience, with biodegradale materials, the cardboard and both inks. Creating a surprise effect while opening it, we wanted to encourage children to eat legumes and finally giving a second use to package: a pot, so that children can plant their own vegetables and grow with them.

Proyecto de ecoenvasado: diseño de paquete respetuoso con el medio ambiente y con doble función. Generamos una caja atractiva para un adulto (padres) y para una audiencia infantil, con materiales biodegradables, la caja y ambas tintas. Creando un efecto sorpresa al abrirlo, queríamos animar a los niños a comer legumbres y finalmente dar un segundo uso al paquete: una maceta, para que los niños puedan plantar sus propias verduras y crecer con ellas.

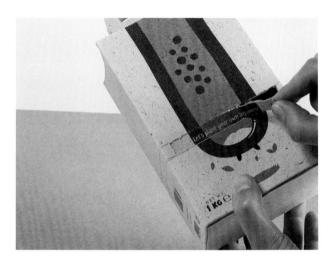

SAND

Studio Alien & Monkey
Barcelona ◊ Spain
designers
Daishu Ma & Marc Nicolau
www.alienandmonkey.com

Sand Packaging design uses one of earth's most abundant natural resources, sand, to create ephemeral and sustainable packaging for precious gifts. Our design enhances the moment and ritual of discovering a gift.
The gift is sealed inside this sand packaging and, only, by breaking it open its hidden content can be revealed. Destroying the packaging during its opening provides a unique sensory experience and creates a long-lasting memory for the person who discovers the gift. Once our sand packaging has fulfilled its purpose, it can be broken down and disposed directly back to the environment.

El diseño de Sand Packaging usa uno de los recursos naturales más abundantes de la Tierra, la arena, para crear paquetes efímeros y sostenibles para regalos de alto valor. Nuestro diseño potencia el momento y el ritual de descubrir el regalo.
El regalo se sella dentro de este paquete de arena y, solo, rompiéndolo abre su contenido oculto para ser revelado. Destruir el paquete durante su apertura proporciona una experiencia sensorial única y crea un recuerdo duradero para la persona que descubre el regalo. Una vez nuestro paquete de arena a cumplido su propósito, puede ser desechado directamente de vuelta al medioambiente.

POSTAL SNACKS

Studio Núria Vila
Barcelona ◊ Spain
designer Núria Vila
photo Padilla&Rigau
www.nuriavila.net

Packaging for a dry nuts and organic sweets shop.
The concept (correos – post office) reinforces the idea of a variety of organic products coming from all over the world.

Packaging para tienda de frutos secos y golosinas ecológicas.
El concepto (correos) refuerza la idea de la variedad de productos ecológicos procedentes de todo el mundo.

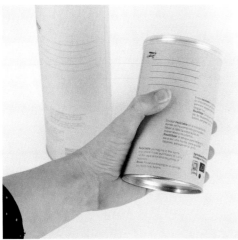
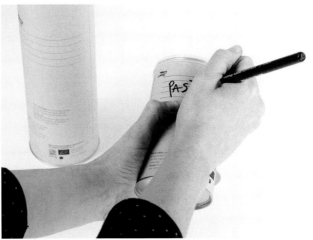

QIAN'S GIFT

Studio Pesign Design
Shenzhen ◊ China
designer Peng Chong
www.pesign.cn

In the Chinese province of Guizhou, people still apply ancient techniques of rice cultivation, banning chemicals and letting nature do its work to produce the best organic rice. No industrialization, and no modern manufacturing methods either for packaging the rice: the plant fiber envelope is made by local paper-makers.
Indigo is used in this region to dye clothing, so this was adopted for printing the information on the packaging, all applied by hand without any machine.
This distinctive design is environmentally friendly and a return to the origins of traditional production.

En la provincia China de Guizhou, la gente todavía usa técnicas tradicionales de cultivo de arroz, prohibiendo los químicos y dejando a la naturaleza hacer su trabajo y producir el mejor arroz ecológico. No encontramos industrialización ni tampoco métodos modernos de fabricación para el envasado del arroz: el envase de fibra vegetal esta hecho por fabricantes de papel locales.
El índigo se usa en la región para teñir ropa, así que se adopto para imprimir la información en el paquete, en todos aplicada a mano sin máquinas.
Este diseño distintivo es respetuoso medioambientalmente y un regreso a los orígenes de la producción tradicional.

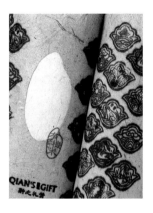

LES INDIENNES

Studio H-57 Creative Station
Milan ◊ Italy
designer Matteo Civaschi
www.h-57.com

H-57 is proud to introduce this packaging collection made for such a sensitive and passionate client as Les Indiennes. The brief was based on the creation of a soap collection with a refined and extravagant packaging. An eye catching product, alluring for the colors extent and covered graphic themes. That's how Les Indiennes soap collection was born, seven different pieces each one different from the other. In fact their peculiar aspect is that each soap has its soul, respecting its scent, talking about worlds of intense sensations far the one from the other. "K 491 Allegretto" is a tribute to the divine Mozart music, the design conveys serenity, joy and lightness. "Sonata al Chiaro di Luna" was born in a more romantic context, crepuscolar, where thoughts lose one's way in the stars and the heart lose itself in an evening sunset. "Dejeuner sur l'herbe" is a call of the nature, a dive into French gardens where colors and scents are a contour to the spring sun. "Last tango in Paris" is the synthesis of passion. A dance emotion between two lovers overwhelmed by love fragrances. "In Vino veritas" embraces the taste, ancient flavours, all that is pure when savoured. "Rise&Shine" is a tribute to August sun, design and colours conveys the world's warmth, the joy that a sunny summer day can give us. And finally "Love Kills", a soap for those who love thrill, a design which expresses courage, the will to be bold, to believe in unbridled love, to abandon one's body to a sweet death of emotions, which only love can give. Les Indiennes soap collection is for a careful, demanding, dreamer consumer. The kind of person who wants to be abducted, even only for a moment, from a design which conveys poetry, fascination, cheerfulness, intrigue and passion.

H-57 está orgullosa de introducir esta colección de cajas para un cliente tan sensible y apasionado como Les Indiennes. El resumen se baso en la creación de una colección de jabones con un empaquetado refinado y extravagante. Un producto llamativo, atractivo por el uso de los colores y cubierto de gráficos temáticos. Así es como nació la colección de jabones de Les Indiennes, siete piezas cada una diferente de la otra. De hecho, su característica peculiar es que cada jabón tiene su alma, respetando su aroma, hablando sobre mundos de sensaciones intensas los unos alejados de los otros. "K 491 Allegretto" es un tributo a la música divina de Mozart, el diseño transmite serenidad, alegría y ligereza. "Sonata al Chiaro di Luna" nació en un contexto más romántico, crepuscular, donde los pensamientos le hacen a uno perder el camino en las estrellas y el corazón se pierde él mismo en una puesta de sol una tarde. "Dejeuner sur l'herbe" es una llamada de la naturaleza, una inmersión en los jardines franceses donde los colores y los aromas son un contorno para el sol de primavera. "Last Tango in París" es la síntesis de la pasión, una danza de emoción entre dos amantes abrumados por fragancias de amor. "In Vino Veritas" abraza el gusto, los sabores antiguos, todo lo que es puro cuando se saborea. "Rise&Shine" es un tributo al sol de agosto, el diseño y el color transmiten el calor del mundo, la alegría que un día de verano soleado puede darnos.
Y finalmente "Love Kills", un jabón para aquellos que aman el suspense, un diseño que expresa coraje, la voluntad de ser atrevido, de creer en el amor sin rienda, de abandonar el propio cuerpo a una dulce muerte de emociones, que solo el amor puede dar. La colección de jabones de Les Indiennes es para un consumidor minucioso, exigente, soñador. El tipo de persona que quiere ser raptada, incluso por un momento, desde un diseño que transmita poesía, fascinación, jovialidad, intriga y pasión.

ZEN

Student Project
Conestoga College
Kitchener ◊ Canada
designer Andres Cuenca
www.behance.net/andrescuenca

Create an innovative food package for fresh produce that is appealing to an upscale demographic. Growth and freshness of asparagus is enhanced with this vertical package.

Packaging de alimentación innovador para un producto fresco, llamativo para una clientela exclusiva. El material conserva la frescura de los espárragos, gracias a su envase vertical.

REFRIGETATE
RÉFRIGÉRER

This tube is made from
recycled paper rolls. It is
reusable and Holds water at
the bottom to keep your
vegetables fresh.

Ce tube est fabriqué
rouleaux papier recyclé.
l'eau pour garder vos
légumes toujours frais

340 g

100 %
ORGANIC
ORGANIQUE

ASPARAGUS
ASPERGES

340 g

ZEN
ORGANICS

ZEN
ORGANICS

164 Kings road
RR#2 Cambridge, ON
M5M 1C5
Made in Canada
Fabriqué au Canada

Proud Member of:
Fier membre de:

USDA
ORGANIC

Recycled Cardboard
Boxes Association

PIN

Studio Rong Design
Shanghai ◊ China
designer Li Sun
www.rong-design.com

To begin with, the project conducts research on the existing distribution package of agricultural products on the market, and discovers that most packaging materials have problems in terms of materials, handling, and recycling, etc. The design is geared towards making the packaging less expensive, more environmentally friendly and more convenient. Finally, collapsible bags made of paper pulp are realized. It is folded in daily storage to take up less space. When in use, it can be stacked through the internal structure by making a 180-degree rotation. The whole design is based on the concept of Chinese character "品". The combination of three "口" symbolizes a family with three members, namely the concept of healthy family life which is of concern to the brand. Meanwhile, the stacking of three "口" is a highlight of the design, namely feature of collapsibility and stacking. Moreover, the Chinese character "品" literally means "quality" which is the symbol of the brand's commitment to development and innovation, and establishment of life quality.

Para empezar, el proyecto conduce una investigación sobre el envasado de distribución existente de productos agrícolas en el mercado, y descubre que la mayoría de los materiales de envasado tienen problemas en términos de materiales, manipulación, reciclado, etc. El diseño se orienta a hacer el packaging menos caro, más ecológico y más práctico. Finalmente, se producen bolsas plegables hechas de pulpa de papel. Al plegarse en el almacenamiento diario ocupa menos espacio. Al ser usada, puede ser apilada a través de la estructura interna haciendo una rotación de 180 grados. El diseño al completo está basado en el concepto del carácter chino "品". La combinación de tres "口" simboliza una familia de tres miembros, concretamente el concepto de familia sana que es la preocupación de la marca. Mientras tanto, el apilado de tres "口" es un punto destacado del diseño, concretamente la característica de la plegabilidad y de poder ser apiladas. Más aún, el carácter chino "品" literalmente significa "calidad" que es el símbolo del compromiso de la marca con el desarrollo y la innovación y el establecimiento de la calidad de vida.

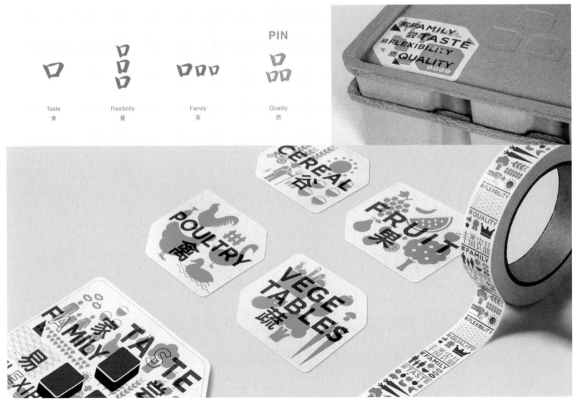

FICO

Studio Shao
Manila ◊ Philippines
designers
Troy Sitosta & Monnik Togle
www.shaolongbald.com

For the love of Ginger. Lip-smackin' tasty, farm-fresh and healthy. FICO is a homegrown brand of ginger ale guaranteed to have its flavor work its way to your heart. This tasty ginger mixture is packed only with all-natural ingredients that are hand-picked, and lovingly brewed into each bottle by a dedicated team of ale-o-holics. Working with growers that do not use pesticides & other toxins, FICO is a brand that believes in the benefits of organic living. Latching on to the brand's ideals of transparency, we wanted that to translate that to its branding and packaging as well. The logo shows what is inside every bottle with a shift in the colours of the ingredient wheel. The packaging itself sleekly shows the story behind the brand so people can see that FICO is made fresh from the farm, to the kitchen, and finally onto the bottles they now hold.

Porque nos gusta el Jengibre. Sabroso, fresco y saludable. FICO es una marca casera de ginger ale que garantiza tener un sabor que llegará hasta tu corazón. Esta sabrosa mezcla de jengibre está envasada solo con ingredientes totalmente naturales que son cogidos a mano, y es elaborada amorosamente para cada botella por un dedicado equipo de adictos al ginger ale. Trabajando con agricultores que no usan pesticidas u otras toxinas, FICO es una marca que cree en los beneficios del estilo de vida ecológico. Centrándonos en torno a los ideales de transparencia de la marca, queríamos traducir esto al branding y al packaging. El logo muestra lo que hay dentro de cada botella con un degradado en los colores de la esfera de ingredientes. El envase en sí mismo muestra elegantemente la historia detrás de la marca para que la gente pueda ver que FICO se elabora fresco, desde la granja a la cocina, y finalmente se pone en las botellas que ahora sostienen.

OUST!

Student Project
UQÀM
Montréal ◊ Canada
designer Guillaume Vaillancourt
www.behance.net/guivai

Oust! packs insect attractants and repellents made from natural products.
For the pot variation, the container acts as a trap when the attractants are poured in. Once its original use is over, the pot can then be reused in the garden.

Oust! envasa atrayentes y repelentes de insectos hechos de productos naturales. Para la variación de vasijas, el contenedor actúa como una trampa cuando los atrayentes se vierten dentro. Una vez su uso original ha terminado, la vasija puede ser reusada en el jardín.

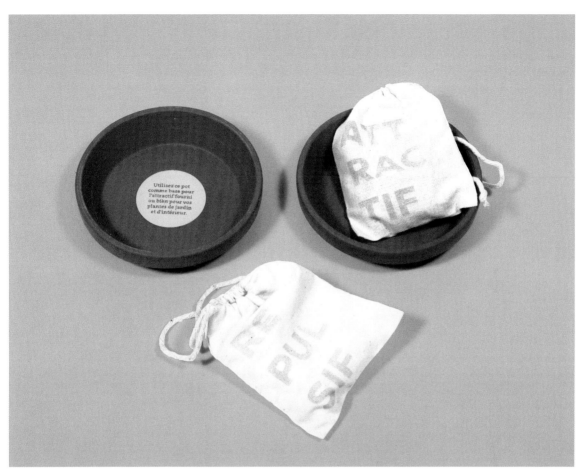

Utilisez ce pot comme base pour l'attractif fourni ou bien pour vos plantes de jardin et d'intérieur.

SAUCISSON DE CAMPAGNE

Studio Julien Suzanne
Aix en provence ◊ France
designer Julien Suzanne
www.behance.net/SZEjulien

This packaging is made with straw. It contains one saucisson.
I had this idea when I was looking for saucisson in a large food supermarket.
I realised they were all wrapped with plastic or other polluting materials. It is so unappropriate! Saucisson is a natural food product that must be packed into a natural product. This is my point!
Because good quality saucisson are produced by farmers I immediately had the idea of using straw. Straw is a natural cheap product quit easy to deal with. It is disposable and has almost no ecological foodprint.
I have added a carton made handle in order to take it easily. Very convenient for a picnic with friends!
The product must be improved in order to be reusable several times when keeping its ecological nature intact.

Este envase está hecho de paja. Contiene salchichón. Tuve está idea cuando estaba buscando salchichón en un gran supermercado de comida.
Me di cuenta de que todos estaban envueltos en plástico o en otros materiales contaminantes ¡Es tan inapropiado! El salchichón es un producto natural que debe ser envasado en un producto natural ¡Esa es mi idea!
Como el salchichón de buena calidad es producido por granjeros, inmediatamente tuve la idea de usar paja. La paja es un producto natural barato bastante fácil para trabajar con él. Es desechable y prácticamente no deja huella ecológica.
He añadido un asa de cartón para cogerlo más fácilmente ¡Muy práctico para picnics con amigos!
El producto debe ser mejorado para que se pueda reutilizar varias veces manteniendo intacto su carácter ecológico.

SAUCISSON
DE
CAMPAGNE

DEPUIS 1934

VENOM

Student Project
Conestoga College
Kitchener ◊ Canada
designer Andres Cuenca
www.behance.net/andrescuenca

It is the redesign of Sony Ear-buds MDR-EX10P; using a cotton fiber pouch. The package is more sustainable and reusable as it can be used as a carrier for the product, made out of recycled cotton and polymer. The new package reduces the use of plastic, printing and paper by 80% from the original package. The product is directed to a younger audience, passionate, outgoing, vibrant and dynamic of 18 to 35 year olds. Overall the theme intends to be extreme, in color and texture, as part of representing the idea of living a wild and unique experience.

Es el rediseño de Sony Ear-buds MDR-EX10P; usando una bolsa de fibra de algodón. La caja es más sostenible y reusable ya que puede ser usada como un estuche para el producto y está hecha de algodón reciclado y polímero. La nueva caja reduce el uso de plástico, impresión y papel un 80% en relación a la caja original. El producto está dirigido a una audiencia joven, apasionada, extrovertida, vibrante y dinámica de 18 a 35 años. En general el concepto pretende ser extremado, en color y textura, como parte de la representación de la idea de vivir una experiencia salvaje y única.

ROS CAUBÓ

Studio Zoo
Vic-Barcelona ◊ Spain
www.zoo.ad

Packaging design for the presentation of the organic olive oil Ros Caubó, with a limited edition of 100 units for distributors. In order to transmit the organic character of the product, we used two pieces of olive tree wood and a handmade interior part made from paper pulp. The two parts are fixed with a hemp string.

Diseño de packaging para la presentación del aceite de oliva ecológico Ros Caubó, en edición limitada de 100 unidades para distribuidores. Para transmitir el carácter ecológico del producto, utilizamos dos piezas de madera de olivo y una parte interior, hecha manualmente, a partir de pasta de papel. Las dos partes se fijan con cordel de cáñamo.

AHAL

Studio Futura
Monterrey ◊ México
design Futura
www.byfutura.com

As we grow older we stop enjoying the simple things in life like having a nice bath, but Ahal turns each moment of your daily routine into pleasure. Ahal is a Mexican company which combines ingredients from all over the world, creating a mix between herbalists and sustainable cosmetic technology.
Its philosophy of using only eco-consistent ingredients and making things "by hand" adds an incommensurable value to its products.
We made the development of the brand bearing in mind that despite their artisanal processes, their creators are certified experts dedicated to looking after both people and the environment.

Cuando crecemos dejamos de disfrutar las cosas simples de la vida como tomar un buen baño, pero Ahal convierte cada momento de la rutina diaria en un placer.
Ahal es una empresa Mexicana que combina ingredientes de todo el mundo, creando una mezcla entre herbolaria y tecnología cosmética sostenible.
Su filosofía de usar solamente ingredientes eco-consistentes y de hacer las cosas "a mano" le agregan a sus productos un valor incalculable.
Hicimos el desarrollo de la marca teniendo en cuenta que a pesar de sus procesos artesanales, sus creadores son expertos certificados dedicados al cuidado tanto de las personas como del medio ambiente.

ECOPRODUCTES DE GALLECS

Studio Núria Vila
Barcelona ◊ Spain
designer Núria Vila
photo Padilla&Rigau
www.nuriavila.net

Eco-design for the products of the Galician people Agroecological Association. Organic products made in an artisanal way throughout the process: from the gathering, the packaging, the printing and the sale. A local and Km.0 product. We wanted a product able to reduce its environmental impact and its price.
In order to be able to place a label on it, we have chosen some rubber which allows us to reuse it several times before being recycled. We also highlight the proverb and popular sayings game referred to the packaged products. The paper is mostly recycled, free of chorine and it follows environmental friendly criteria, using a sole type of ink and incorporating different recipes to the back of the label to be able to use it before recycling it.

Ecodiseño para los productos de la Asociación Agroecológica de Gallegos. Productos ecológicos elaborados artesanalmente en todo su proceso: desde la recogida, el envasado, la impresión y la venta. Producto de proximidad y Km.0. Queríamos un producto que redujera el impacto ambiental y su precio.
Para poder colocar la etiqueta, hemos elegido una goma de caucho, que nos permite reutilizarla varias veces antes de su reciclaje. Destacamos también el juego de refranes y dichos populares referentes a los productos envasados. Los papeles, en su mayoría son reciclados, libres de cloro y siguen criterios ambientales, utilizando una sola tinta e incorporando diferentes recetas al dorso de la etiqueta, para poder reutilizar antes de reciclar.

ECOPRODUCTES DE GALLECS

Studio NúriaVila
Barcelona ◊ Spain
designer NúriaVila
photo Padilla&Rigau
www.nuriavila.net

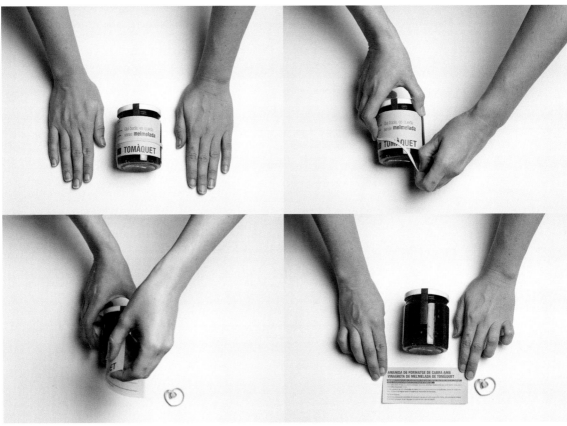

TOCANTINS

Studio Zoo
Vic-Barcelona ◊ Spain
www.zoo.ad

Tocantins is a chocolate coming from some small cocoa plantations in the Amazon delta. The production is limited and reserved exclusively for the "World 's 50 Best Restaurants". The packaging for the presentation is made of paper pulp fastened with cord and sealing wax, evocating a remote origin with a sash that gives it an exclusive feeling.

Tocantins es un chocolate que proviene de unas pequeñas plantaciones de cacao en el delta del Amazonas. La producción es limitada y reservada exclusivamente a los "World 's 50 Best Restaurants". El packaging para la presentación es de pasta de papel cerrado con cordel y lacre, evocando a un origen remoto con una faja que le aporta exclusividad.

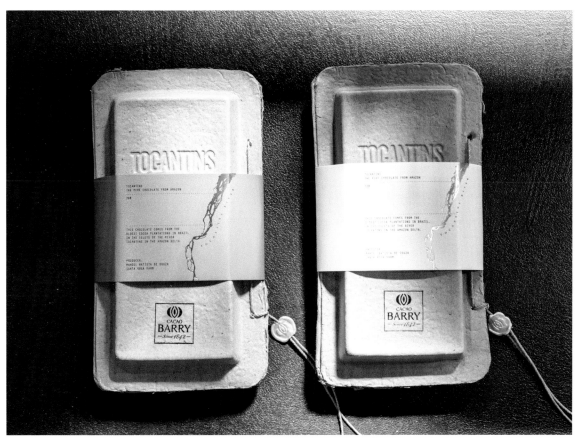

TOCANTINS

Studio Zoo
Vic-Barcelona ◊ Spain
www.zoo.ad

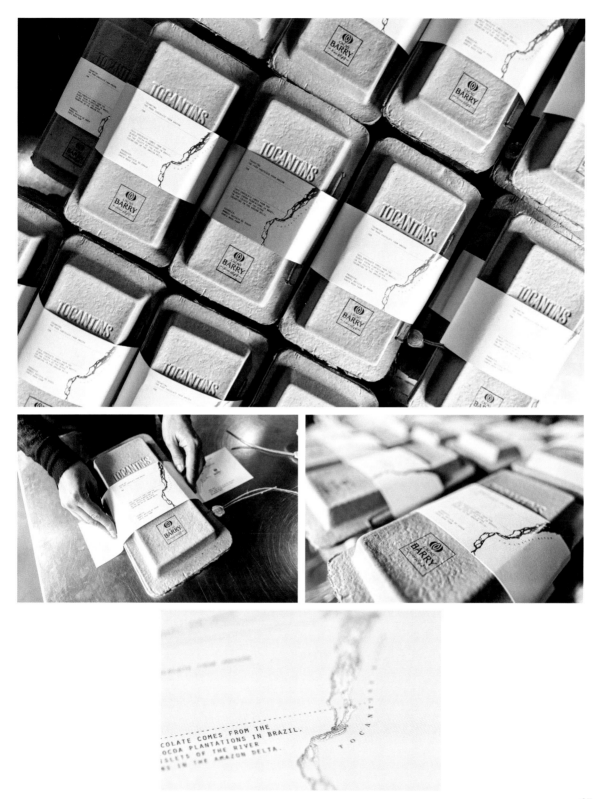

AGORA

Studio Red Creative
Thessaloniki ◊ Greece
designer Simos Saltiel
www.redcreative.gr

The brief to Red Creative was to design a contemporary, quality packaging with an everyday feel - an object that would stand comfortably in the kitchen of a foodie in New York, as well as on a deli shelf in Germany.
Agora is a medium priced extra virgin olive oil targeted at the international market and the name was selected for its direct reference at the greek origin of the product.
The recyclable tin container was preferred for its protective qualities and ease of transportation and handling by consumers and travellers alike, as Agora is often purchased as a gift.

El resumen para Red Creative era diseñar un packaging contemporáneo de calidad con un espíritu cotidiano – un objeto que pudiera colocarse cómodamente en la cocina de un aficionado gastronómico de Nueva York, así como en la estantería de una tienda gourmet en Alemania.
Agora es un aceite de oliva virgen extra de precio medio dirigido al mercado internacional y cuyo nombre se seleccionó por su referencia directa al origen griego del producto. Se prefirió el envase de lata reciclable por sus cualidades protectoras y la facilidad para el transporte y el manejo por parte tanto de consumidores como de viajeros, ya que Agora es a menudo comprado como un regalo.

Extra Virgin Olive Oil
Kolymvari Chanion Kritis
PDO CRETE
COLD PRESSED

Superior category olive oil obtained
directly from olives and solely by
mechanical means. Please store in a cool
and dark place (max 25°C).

Agora offers a variety of gourmet Greek
delicacies. At Agora, we seek out the
highest quality foods from all over
Greece, provide exceptional culinary
experiences and choose traditional ways
of producing contemporary products
with high nutritional value. For us, Agora
means more than selling fine Greek foods.
It is also about communicating, meeting,
learning, collecting and creating.

PRODUCT OF GREECE   EL-40-027

agorá
FINE GREEK FOODS
www.agorafinefoods.com   POC/2276-7105.00

agorá
EXTRA VIRGIN OLIVE OIL
500 ml

PROTECTED
DESIGNATION
OF ORIGIN (PDO)
Kolymvari
Chanion Kritis
CRETE

PRODUCT
OF GREECE

NUTRITION FACTS / ΔΙΑΤΡΟΦΙΚΗ ΑΞΙΑ   per/ανα 100ml

Energy / Ενέργεια	3404 kJ/828 kcal
Protein / Πρωτεΐνες	0g
Carbohydrates / Υδατάνθρακες	0g
of which / εκ των οποίων	
Sugars / Σάκχαρα	0g
Fat / Λιπαρά	92g
of which / εκ των οποίων	
Saturates / Κορεσμένα	13g
Mono-unsaturates / Μονοακόρεστα	73g
Polyunsaturates / Πολυακόρεστα	6g
Cholesterol / Χοληστερόλη	0g
Fibre / Διαιτικές ίνες	0g
Sodium / Νάτριο	0g

Bottled by Terra Creta S.A. Chania Crete for
Agora Fine Greek Foods – 22 Papagou st.,
56533 Polichni Thessaloniki, Greece

Best before end: See top
Ανάλωση κατά προτίμηση πριν
από το τέλος: Βλέπε άνω μέρος

5 200101 806951

TAFARI

Studio Yulia Popova
Moscow ◊ Russia
designer Yulia Popova
www.yulia-popova.com

In this multi-phase project, the task was to design a line of cosmetics or toiletries based upon a central theme of signature fragrance. The line should have an original name. Three out of four products should have outer containers.

Inspired by passion for traveling and exploring the world, the fragrance wears the baby's name of African origin which means "first born daughter".

The bottle out of clay and hand drawn pattern immediately set the tone for the perfume. It brings us back to nature. Earthy colors, texture of materials and roughness instantly reminds of rural environment.

The perfume comes in a handcrafted flacon made out of real clay. The geometric patterns on bottles take their point of departure from the West African savannah, isolated village Tiébélé in Burkina Faso area. It is home to the royal court of the Kassena people, one of the oldest ethnic groups in Burkina Faso, who first settled the region in the 15th Century.

Since vessels and outer containers are handcrafted, each one is slightly different from another. This makes packaging of the Tafari perfume an extraordinary and one-of-a-kind.

The process of unpacking Tafari products is an adventure in itself. It takes time and effort to untwine the rope. The procedure refers to slow and step by step exploration of something new.

En este proyecto multi-fase, la tarea era diseñar una línea de cosméticos y productos de baño basados en un tema central de fragancia de firma. La línea debía tener un nombre original. Tres de cada cuatro productos deberían tener contenedores exteriores. Inspirada por la pasión por viajar y explorar el mundo, la fragancia porta el nombre de bebe de origen africano que significa "hija primogénita".

La botella de arcilla y los patrones dibujados dan inmediatamente el tono al perfume. Nos lleva de vuelta a la naturaleza. Los colores tierra, la textura de los materiales y la aspereza nos recuerdan inmediatamente un ambiente rural.

El perfume viene en un vial hecho a mano de verdadera arcilla. Los patrones geométricos en la botella tienen su razón en el viaje desde la aislada aldea de Tibébélé en el área de Burkina Faso en sabana occidental de África. Es el hogar de la corte real de los Kassena, una de los grupos étnicos más antiguos en Burkina Faso, que se asentó por primera vez en la región en el siglo XV.

Dado que las vasijas y los contenedores externos están hechos a mano, cada uno es ligeramente diferente del otro. Esto hace que el empaquetado del perfume Tafari sea extraordinario y único en su clase.

El proceso de desempaquetar los productos Tafari es una aventura en sí mismo. Desenrollar el cordel lleva tiempo y esfuerzo. El proceso nos remite a la exploración lenta y paso a paso de algo nuevo.

ZEN WINEBAG

Studio Ciclus
Barcelona ◊ Spain
designer Tati Guimarães
www.ciclus.com

The bag-packaging for wine is part of the ZEN COLLECTION.
The word Zen is the Japanese pronunciation of the Chinese word Chan which also derives from the Sanskrit word Dhiana which means "meditation". Zen Collection searches for the experience of wisdom beyond rational speech. It is a collection of simple and functional products which breathe elegance and originality through durable and innovative material: The material used is 100% recycled leather.
The packaging comes from a only piece. It does not use glue or sewing, only laces for it's assembly. It is made with a minimum amount of materials and processes.
The packaging is designed for 1 wine or 2 wines. It is delivered flat to facilitate and minimise transportation, as well as delivery. It is also assembled quickly to facilitate use.

Packaging-bolsa para vinos forma parte de la ZEN COLLECTION.
La palabra Zen es la pronunciación en japonés de la palabra china Chan, que a su vez deriva de la palabra sánscrita Dhiana, que significa "meditación". Zen Collection busca la experiencia de la sabiduría más allá del discurso racional. Es una colección de productos simples y funcionales que respiran elegancia y originalidad a través de un material durable e innovador: el cuero 100% reciclado.
El packaging sale de un solo troquel. No lleva pegamento o costura, solo encajes para su montaje y esta diseñado para 1 ó 2 vinos. Se entrega en plano para facilitar y minimizar el transporte, así como su almacenaje. También es de rápido montaje para facilitar el manipulado.

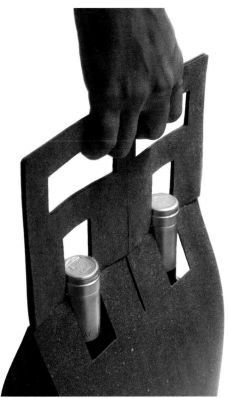

TREEO

Agency Nutcreatives
Barcelona ◊ Spain
designers Àlex Jiménez,
Jon Marín, Bernat Faura
www.nutcreatives.com

Nutcreatives studio has designed Treeo, a new way of packing native plants to transform them into gifts with a natural touch.

We are normally expecting to receive a pen, a key-ring, a jewel, etc.—but what would it happen if someone gives us a small tree? That would be a surprise.

This is Treeo, a packaging that makes it possible to consider a small plant as a souvenir or a thoughtful corporate gift.

The design uses a material as simple and inexpensive as cardboard, but converted into something sophisticated and elegant with added value. The box is shaped with a rotation designed to represent the organic growth of a plant.

The Treeo packaging is divided in two parts. The lower part functions as the completely biodegradable pot that can be planted directly into the earth, as the cardboard is a biodegradable material. The upper part acts as a lid that protects the tree during transport and storage, making it possible to stack them securely in the warehouse, and with the humidity of the tree protected by a special biodegradable plastic bag. For planting, the upper part is removed and 100% recyclable. The packaging is pre-cut, so their separation is easy and fast.

El estudio Nutcreatives ha diseñado Treeo, una nueva manera de empaquetar plantas autóctonas y transformarlas en regalos con un toque natural.

Normalmente esperamos recibir un lápiz, un llavero, una joya, etc. ¿Pero qué pasaría si alguien nos diera un árbol pequeño? Eso sería una sorpresa.

Esto es Treeo, un paquete que hace posible considerar plantas pequeñas como un suvenir o un meditado regalo corporativo.

El diseño usa un material tan sencillo y barato como el cartón, pero convertido en algo sofisticado y elegante, con valor añadido. La forma de la caja tiene un diseño rotatorio para representar el crecimiento orgánico de la planta.

El empaquetado de Treeo está dividido en dos partes. La parte inferior funciona como una maceta completamente biodegradable que puede ser plantada directamente en la tierra, ya que el cartón es un material biodegradable. La parte superior actúa como una tapa que protege al árbol durante el transporte y el almacenamiento haciendo posible apilarlos de forma segura en el almacén, y con la humedad del árbol protegida por una bolsa especial de plástico biodegradable. Para el plantado, la parte superior se retira y es 100% biodegradable. El paquete está pre-cortado, así que la separación es fácil y rápida.

SHAMANUTI

Studio Adam&Co.
Boston ◊ USA
designer Adam Larson
www.adamnco.com

Shamanuti is an organic skincare company dedicated to maintaining healthy, beautiful skin by using only the best natural ingredients. We created an identity for the brand's foray into the worlds of organic cosmetics and lifestyle spas.

Shamanuti es una empresa de productos ecológicos de cuidado de la piel dedicada a mantener una piel sana, bella usando solo los mejores ingredientes naturales. Creamos una identidad para la incursión de la marca en los mundos de los cosméticos ecológicos y los spas.

ZEN PHONE

Studio Ciclus
Barcelona ◊ Spain
designer Tali Guimarães
www.ciclus.com

The mobile phone case is part of the ZEN COLLECTION.
The word Zen is the Japanese pronunciation of the Chinese word Chan, that in turn, derives from the Sanskrit word Dhiana, which means "meditation". Zen collection looks for the experience of wisdom beyond the rational discourse. It is a collection of simple and functional products which breathe elegance and originality though a durable and innovating material: 100% recycled leather and elastic rubber.

La funda para móviles forma parte de la ZEN COLLECTION.
La palabra Zen es la pronunciación en japonés de la palabra china Chan, que a su vez deriva de la palabra sánscrita Dhiana, que significa "meditación". Zen Collection busca la experiencia de la sabiduría más allá del discurso racional. Es una colección de productos simples y funcionales que respiran elegancia y originalidad a través de un material durable e innovador: el cuero 100% reciclado y goma elástica.

EGG BOX

Studio Focus Creative
Sopron ◊ Hungary
designer Török Ádám
photo Szalai Csaba
www.behance.net/adamtorok

In this case I tried how can I go around the egg's shape geometrically with simple shoots, like origami.

En este caso intenté ver cómo podía rodear la forma geométrica del huevo con estrategias sencillas como el origami.

NOVA

Student Project
San Francisco ◊ USA
designer Daniel Lindqvist
www.daniellindqvist.com

Nova paints steps away from the typical paint and brings a environmental-friendly solution to the paint market. Not only is the powdered paint natural and non-toxic, but contains zero VOCs, volatile organic compounds. Nova paints is convenient, long lasting and completely biodegradable.

The challenge for this project was to retain Novas natural and ethical stance but also create a packaging that would function well for the product and communicate quality. As a solution Novas packaging is made out of recyclable cardboard tubes and sustainability sourced wood. The rich colors of the paint appear on the cylindrical packaging, and a small accent of natural wood offsets the hues and gets consumers excited to start their own painting projects on the walls of their home. When you open the packaging the top part slopes down creating a scoop that allows for easy pouring. In addition to the paint packaging I created a paint kit that come with the vital tools needed for interior paint projects.

Pinturas Nova se aparta de la típica pintura y nos trae una solución ecológica para el mercado de la pintura. La pintura en polvo no solo es natural y no tóxica, también contiene cero COV, compuestos orgánicos volátiles. Pinturas Nova es práctica, duradera y completamente biodegradable.

El reto para este proyecto estaba en mantener la postura natural y ética de Novas pero también crear un envasado que pudiera funcionar bien para el producto y comunicar calidad. Como solución, el envasado de Novas esta hecho de tubos de cartón reciclable y de madera producida de forma sostenible. Los ricos colores de la pintura aparecen en el envase cilíndrico, y un pequeño acento de madera natural imprime la tonalidad y hace que los clientes se interesen en empezar sus propios proyectos de pintura en las paredes de sus hogares. Cuando abres el envase la parte de la tapa se inclina hacia abajo creando un pico de jarra que permite un vertido fácil. Además del envase de la pintura creé un kit de pintura que viene con las herramientas vitales que se necesitan en los proyectos de pintura de interior.

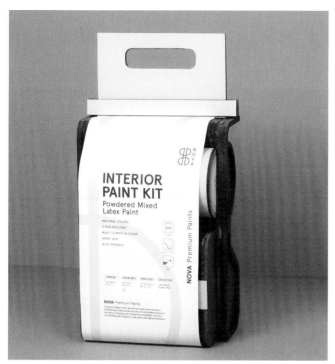

NOVA

Student Project
San Francisco ◊ USA
designer Daniel Lindqvist
www.daniellindqvist.com

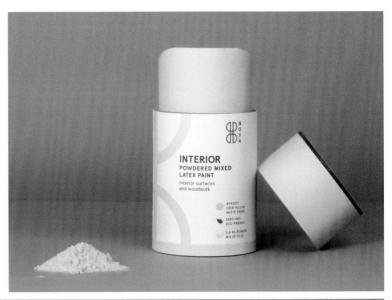

BASIS

Student Project
San Francisco ◊ USA
designer Daniel Lindqvist
www.daniellindqvist.com

The idea of Basis originates from a strong passion for wood. Basis believe in developing environmentally responsible formulas without making any compromises to the quality of their soaps and polishes. Basis mission is to ensure woodwork a long life, durability and a beautiful natural look.

The challenge of this project was to find a visual language that would reflect Basis high quality products while at the same time convey a product that is honest and natural. A step toward a solution was the decision of using a cardboard material that would allow the creation of packaging structures that would stand out on the shelf and still being environmentally sustainable. By utilizing a broad palette of wood surfaces a sense of warmth was given to the structures. This warm natural element in combination with a solid typographic system enable an approachable end product that invite to interaction.

La idea de Basis se origina en una fuerte pasión por la madera. Basis cree en el desarrollo de fórmulas medioambientalmente responsables sin comprometer la calidad de sus jabones y barnices. La misión de Basis es asegurar una larga vida, duración y bello aspecto natural a los trabajos de madera.

El reto de este proyecto era encontrar un lenguaje visual que reflejase los productos de gran calidad de Basis a la vez que transmitiese un producto que fuera honesto y natural. Un paso hacia la solución fue la decisión de usar un material de cartón que permitiera la creación de estructuras de envasado que destacasen en las estanterías y que aún así fueran sostenibles medioambientalmente. Utilizando una amplia paleta de superficies de madera se dio un toque cálido a las estructuras. Este elemento cálido natural en combinación con un sistema tipográfico sólido permite un producto final accesible que invita a la interacción.

BASIS

Student Project
San Francisco ◊ USA
designer Daniel Lindqvist
www.daniellindqvist.com

KIEHL'S BEARD

Student Project
ELISAVA
Barcelona ◊ Spain
designers
Paloma Baladrón, Andrea Ribera
illustrations Andrea Ribera
www.andrearibera.com
www.behance.net/palomabramos

Branding and Packaging project for a new range of beards and moustaches products under Kiehl's brand.
We wanted to recover the aesthetics of the ancient apothecaries, creating a label manually modified and classic details. We gave an importance to the skeleton, characteristic of Kiehl's stores, drawed as a character, with his well mantained beard and his unsullied robe. Labels are made from recycled paper, which gives the old and manual effect we wanted to achieve with this design.

Proyecto de branding y empaquetado, una nueva gama de productos para barbas y bigotes bajo la marca Kiehl.
Queríamos recuperar la estética de las antiguas farmacias, creando una etiqueta modificada manualmente y con detalles clásicos. Dimos gran importancia al esqueleto, característico de los almacenes Kiehl, dibujado como un personaje, con su barba bien mantenida y su vestido inmaculado. Las etiquetas están hechas de papel reciclado lo que les da el efecto antiguo y manual que queríamos conseguir con este diseño.

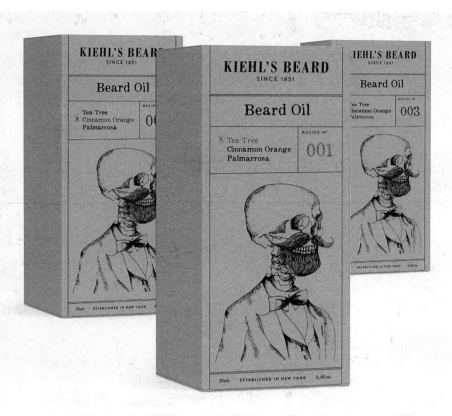

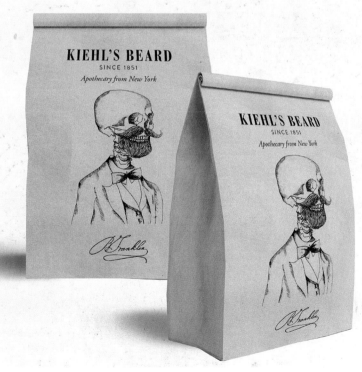

FISH AND RICE

Studio Rong Design
Shanghai ◊ China
designer Li Sun
www.rong-design.com

Fengfan Farm Products is a young brand, roots from Jintan, a traditional village possesses beautiful natural scenery and abundant agriculture resources, locates in south China. In that area, people had their farming life for hundreds years.
They respect land as their mother, feeding and raising generations. Fengfan aims on supplying organic local farm products, and celebrating / promoting traditional farming cultures from the village to the city.
Culture, reuse and portability are keywords for this 10kg rice packaging design.
In mandarin, "fish (yu)" is a homonym with "abundance(yu)". Traditionally, farmers say "fish every year" as a blessing to each other especially during Spring Festival for wishing have an abundant season new year. Now this saying becomes an auspicious words for everyone.
The one-piece bag design is not only simply emphasize the shape of the double-fish character, but also its two sides bag weight balanced the handle functionally, which meets the need for carrying flexible and comfortable.

Fengfan Farm Products es una marca joven con sus raíces en Jintan, una aldea tradicional que posee un bello paisaje natural y con abundantes recursos agrícolas, situado en el sur de China. En esa zona, la gente ha llevado su vida de granjero durante cientos de años. Respetan las tierras, que alimentan y crían a generaciones. Fengfan tiene como objetivo proveer productos agrícolas locales y orgánicos y celebrar / promocionar las culturas agrícolas tradicionales desde el pueblo a la ciudad.
Cultura, reutilización y portabilidad son las palabras claves para este diseño de paquete de arroz de 10kg. En mandarín "pez (yu)" es homónimo con "abundancia (yu)". Tradicionalmente los granjeros dicen "pescado cada año" como una bendición entre ellos, especialmente durante el Festival de Primavera, para desear abundancia en la temporada del nuevo año. Ahora este dicho se ha convertido en una frase de bienaventuranza para todos.
El diseño de una bolsa de una sola pieza no solo se enfatiza sencillamente la forma del personaje doble pez, sino también el equilibrio entre los dos lados de la bolsa para agarrarla eficientemente, lo que cumple con la necesidad de transportarla flexible y cómodamente.

VIAJES
DE UN CATADOR

Agency Nutcreatives
Barcelona ◊ Spain
designers Àlex Jiménez,
Jon Marín, Bernat Faura
graphic design Marta Botas
www.nutcreatives.com
www.martabotas.com

Nutcreatives studio has designed a bag-in-box for Viajes de un Catador (Travels of a Wine-Taster), a wine club that gathers together intriguing wines from all over Spain. The club features eight different wines: Wine of the Year; Unconventional Wine; Classic White and Classic Red; Modern White and Modern Red; a sparkling wine; and the bag-in-box wine.

In the case of the bag-in-box, Nutcreatives played off the idea of a wine that–in the words of its producers–is straightforward and friendly, drinkable, versatile, and robust. A wine with values, ideal for tapas or an al fresco party. A red to have fun with, to smell and to drink.

Taking inspiration from this festive spirit and the fact that its bag-in-box sales format makes it ideal for informal events, Nutcreatives studio decided to emphasize the wine's playful aspect, its portability, and its presentation to come up with the most functional and innovative packaging possible.

Nutcreatives decided to avoid the typical square bag-in-box and come up with a product with a radically different image that, because of its triangular folds, can take myriad forms. The packaging is topped off with a handle so that it's easy to hold, transport, hang, etc., eliminating the need to carry an extra bag from place to place.

In creating a strong visual statement, they also wanted to subvert people's preconceptions about this type of packaging, their prejudice that a bag-in-box can't contain quality wine.

Nutcreatives also presented the possibility of a second use, including instructions in the package so that the cardboard container could be used as a construction toy with hexagonal pieces.

They wanted packaging that was well-rounded. It needed to stand out from the crowd without neglecting functionality, and the design team also wanted it to be environmentally-friendly, avoiding the use of plastic bags and lengthening the useful life of the cardboard packaging as much as possible.

El estudio Nutcreatives ha diseñado el bag in box para Viajes De Un Catador, un club de vinos que reúne vinos muy interesantes de toda España y cuenta con ocho variedades (Vino del Año, Vino Original, Blanco y Tinto Clásico, Blanco y Tinto Moderno, un espumoso y el bag in box).

En el caso del bag in box partíamos de un vino -en palabras de sus productores- sencillo y amable, rápido de beber, versátil, vivaz y con valores, ideal para tapeo o fiestas al aire libre, un tinto para jugar componiendo piezas, oler y beber.

Uniendo esta personalidad tan festiva con el hecho de que su formato de venta en bag in box lo hacía aún más adecuado aún para este tipo de eventos informales, el estudio Nutcreatives decidió potenciar el aspecto lúdico del vino, la facilidad de transporte y la presentación, para llegar a un envase lo más funcional e innovador posible.

Es por eso que se decidió huir del típico bag in box cuadrado para buscar un producto con una imagen radicalmente diferente, que gracias a unos pliegues triangulares es capaz de adoptar formas muy cambiantes. El envase está rematado por un asa de manera que es fácil de sujetar, transportar, colgar, etc. eliminando además la necesidad de una bolsa adicional para llevárnoslo de un sitio a otro.

Potenciando la imagen del bag in box buscamos además eliminar prejuicios respecto a este tipo de envases, con el objetivo de eliminar la sospecha de que un bag in box no puede contener un vino de calidad.

Nutcreatives planteó además que existiese la posibilidad de un segundo uso, incluyendo instrucciones en el envase para que la bolsa de cartón se utilice como un juego de construcción con piezas hexagonales.

De esta manera se ha buscado que el diseño del envase sea completo desde un punto de vista de diferenciación, sin dejar de lado los aspectos más funcionales y tampoco los ambientales, ya que evita el uso de bolsas y alarga la vida útil de la caja de cartón al máximo posible.

VIAJES DE UN CATADOR

Agency Nutcreatives
Barcelona ◊ Spain
designers Àlex Jiménez,
Jon Marín, Bernat Faura
graphic design Marta Botas
www.nutcreatives.com
www.martabotas.com

TROVE

Studio Athanasios Babalis
Thessaloniki ◊ Greece
design Athanasios Babalis
www.ababalis.com

Trove is a gift box for quality wine or champagne. It has a built-in handle (so no bag is necessary), it is made of wood or paper (earth friendly) etc., it can remain useful (and beautiful) after the gift is given. Trove is a concept proposal but it can be manufactured in various materials and processes available today.
Package box is closed and secure. To open the box: remove metal inserts (1,2,3) and top removable cup (4). Then remove the contents including the two or three sets of male-female bolts included in the package box. To connect two boxes: place the boxes so the side holes mate and insert and tighten the male-female bolts as illustrated to the right (6,7). Current technology allows for its manufacture out of curved plywood. The box can be also made from paper (pulp), in which case alternative connection methods will apply.

Trove es una caja para regalar vino o champán de calidad. Lleva incorporadas asas (así que no hace falta una bolsa), está hecha de madera o cartón, (ecológica) etc., y puede seguir siendo útil (y bonita) después de que se haya entregado el regalo. Trove es un propuesta de concepto pero puede fabricarse en diferentes materiales y siguiendo diversos procesos disponibles en la actualidad.
La caja de embalaje está cerrada y segura. Para abrirla: quitar las piezas de metal (1,2,3) y la parte superior desmontable (4). Después quitar el contenido incluyendo los dos o tres juegos de tornillos macho y hembra incluidos en la caja. Para conectar dos cajas: colocarlas una junto a la otra de forma que los agujeros laterales coincidan y después insertar y apretar los tornillos macho-hembra tal y como aparece en la ilustración a la derecha (6,7). La tecnología actual permite su fabricación en contrachapado curvado. La caja también puede hacerse con papel (pulpa), en cuyo caso se usarán métodos de conexión alternativos.

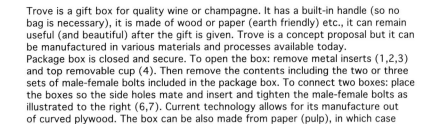

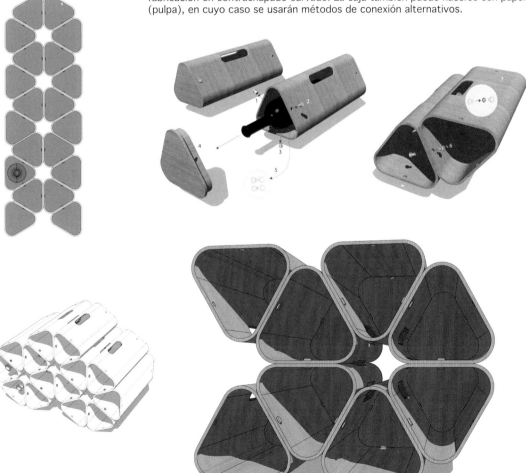

BAKUS

Studio Ciclus
Barcelona ◊ Spain
designer Tati Guimarães
www.ciclus.com

The packaging is inspired by the object itself: BAKUS, a collector of best moments (wine corks) converted into table mats. The idea was to generate the surprise of receiving a "precious object". The closing and inner shape of the packaging are inspired by the triangular points of the product (BAKUS).

This packaging has been designed with the minimum amount of materials and processes: without glue and without complicated fittings - to facilitate it's production and handling.

The material used is a 100% recycled micro-groove cardboard.

El packaging esta inspirado en el propio objeto: BAKUS, un coleccionador de mejores momentos (corchos de vino) que se convierte en un salvamanteles.

La idea fue generar la sorpresa de recibir un "objeto-joya". El cierre y las formas interiores del packaging están inspiradas en los pinchos triangulares del producto (BAKUS).

Ha sido diseñado con el mínimo de materiales y procesos: sin pegamento y sin encajes complejos - para facilitar su producción y manipulado.

Cartón micro-canal 100% reciclado.

KASA JOE

Studio Bessermachen
Copenhagen ◊ Denmark
designers
Kristin Brandt, Jonathan Faust
www.bessermachen.com

Packaging and visual identity for an italian take away concept based on original recipes and fresh ingredients.

Embalaje e identidad visual para un concepto italiano de "take-away" basado en recetas originales e ingredientes frescos.

RAWGANIQUE

Studio Peltan-Brosz
Budapest ◊ Hungary
designer Peltan-Brosz Roland
www.peltan-brosz.com

Rawganique is a handcrafted products manufacturer that is based on Denman Island in Canada's Strait of Georgia. They are chemical-free and sweatshop-free. Made in-house for end-to-end purity and founded by off-the-grid island homesteaders.

In handwriting we saw the presence of the personal touch to each product, it gives the impression of a custom made material, it breaks away from commerce and convetional and it is modern. So we devised a custom typeface for Rawganique, that due to modern printing techique we could create more verions of written words on labels. In this way almost all labels differ form one another, because every label set on the offset printing sheet is defferent from one another in terms of typeface and pattern crop to.

Rawganique es un fabricante de productos artesanales que vive en Denman Island, en el Estrecho de Georgia, Canadá. Sus productos no contienen químicos ni tienen relación con talleres clandestinos. Se fabrica integralmente in-situ para permanecer fieles a la forma en que trabajaban los colonos originales.

La escritura a mano le da un toque personal a cada producto, dan la impresión de estar hechos con un material personalizado, rompen con el comercio convencional, y además son modernos. Así que creamos una tipografía original para Rawganique que debido a las técnicas de impresión modernas nos permite crear un mundo de versiones de escritos en las etiquetas. De esta forma, prácticamente todas las etiquetas se diferencian entre sí porque cada etiqueta puesta en la hoja de impresión es distinta de las otras en términos de tipografía y patrón de recorte.

SALTVERK

Studio Bessermachen
Copenhagen ◊ Denmark
designers
Kristin Brandt, Jonathan Faust
landscape photo Claudia Regina
www.bessermachen.com

Saltverk´s Icelandic Flake salt is the world's only artisan salt produced with 100% geothermal energy, and one of the best flake salts available. Making it the flake salt of choice for consumers looking for excellent salt made in an environmentally sustainable way.

La sal Saltverk´s Icelandic Flake es la única sal artesana en el mundo producida al 100% con energía geotérmica, y uno de los mejores granos de sal disponibles, convirtiéndola en la sal que prefieren aquellos consumidores que buscan una sal excelente hecha de forma medioambientalmente sostenible.

SALTVERK
·ISLANDSK·
BIRKERØGET SALT

Bæredygtigt salt
fra Vestfjordene i Island,
fremstillet i hånden

WWW.SALTVERK.COM

125g

HAND
HARVESTED
FLAKY SEA SALT

SALTVERK

SALTVERK
·HAND HARVESTED·
FLAKY SEA SALT

Sustainable salt from
The Westfjords of Iceland

Net wt. 3.17oz (90g)

SALTVERK
·ISLANDSK·
SORT SALT

Bæredygtigt salt
fra Vestfjordene i Island,
fremstillet i hånden

WWW.SALTVERK.COM

125g

SALTVERK

SALTVERK
·ISLANDSK·
FLAGESALT

Bæredygtigt salt
fra Vestfjordene i Island,
fremstillet i hånden

WWW.SALTVERK.COM

200g

SALTVERK

FLAKY SEA SALT

is a unique, crunchy, pure sea salt from the
remote Westfjords of Iceland. We hand harvest
our salt using an artisanal, sustainable and
environmentally friendly method dating from
the 17th century.

Our raw material is the pristine, clean seawater
of the Westfjords. To produce our salt, we only
use green, geothermal energy from the region's
hot geysers. This means our carbon footprint
in making the salt is zero. Our salt is the
only artisanal salt in the world produced
with 100% geothermal energy.

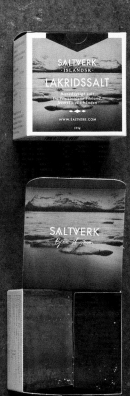

APADRINA UN OLIVO

Studio Carla Cascales
Barcelona ◊ Spain
design & illustrator Carla Cascales
art direction Nil Castellví
www.carlacascales.com

Label created for an NGO dedicated to saving abandoned centenary olive trees and making them produce organic oil again. Those bottles are given annually as a gift to the people who support the organization.
The label consists of a handmade illustration that recreates the texture of the olive tree trunk. They are created in a handmade screen printing process with water-based puff inks. The emulsification and the inks are both ecological. The labels are printed using an embossing technique so when you hold the bottle it makes you feel like touching a tree trunk, like the ones you have helped to save with your contribution.

Etiqueta creada por una ONG consagrada a salvar olivos centenarios abandonados y usarlos para producir de nuevo aceite de oliva orgánico. Esas botellas se entregan anualmente como regalo a aquellas personas que apoyan la organización.
La etiqueta consiste en una ilustración hecha a mano que reproduce la textura del tronco de olivo. Se crean siguiendo un proceso de impresión serigráfica manual con tintas de relieve en base de agua. La emulsión y las tintas son ambas ecológicas. Las etiquetas se imprimen usando una técnica de grabado en relieve que consigue que, al sostener la botella en las manos, pareciese que estemos tocando el tronco del árbol, como aquellos que has ayudado a salvar con tu contribución.

NEPENTHES

Studio Merged Vertices
Leipzig ◊ Germany
designer Marilu Valente
www.merged-vertices.com

As of now the cap, body and label of personal care (shampoo, showergel...) packaging is made with different types of plastic materials.
What if only one type of plastics was used for the entire bottle? With this question in mind, Marilu Valente designed a bottle which could be fully recyclable without the need of separating different parts.
The squeezable walls of the bottle unite into one long flexible element which is inserted inside the lateral hole of the container. This creative approach at the fore front of sustainable packaging, makes it not only aesthetically pleasing, but it also makes the manufacturing process more efficient. In fact the production process requires only one manufacturing technique without the need to source different types of plastics.

Hasta ahora el tapón, el cuerpo y la etiqueta de los envases de artículos de aseo personal (champú, gel de ducha...) se fabrican con diferentes tipos de materiales plásticos.
¿Qué pasaría si se usara un único plástico para la botella completa? Con esta pregunta en mente, Marilú Valente diseñó una botella que podría ser reciclada sin la necesidad de separar sus distintas partes.
Los lados de la botella en los que se ejerce la presión se unen en un solo elemento largo y flexible que se inserta dentro del agujero lateral del contenedor. Esta concepción creativa a la vanguardia del envasado sostenible, lo hace no solamente agradable estéticamente, también hace el proceso de fabricación más eficiente.
De hecho, el proceso de producción requiere solo una técnica de fabricación sin necesidad de recurrir a diferentes tipos de plásticos.

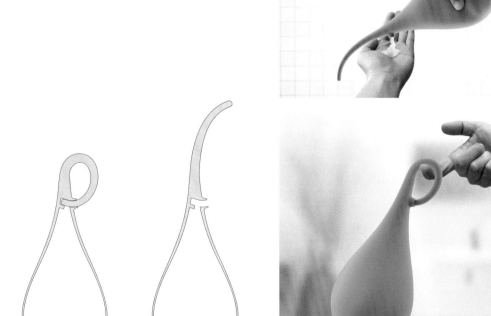

HAMADI TAHINI

Student Project
Bezalel Academy
Ashkelon ◊ Israel
designer Tali Teper
www.taliteper.com

We had to make a new packaging concept for Tahini (a condiment who's made from raw sesame seeds with a consistency similar to peanut butter).

My concept was an Egyptian tahini who's design is based on the ancient Egyptian tradition of the canopic jars. Those jars were used in the mummification process to store and preserve the viscera of their owner for the afterlife. I used 3 canopic jars heads as there are 3 types of Tahini.

First Tahini is raw Tahini (Plain, unprocessed sesame) and designed with the head of Imseti, the human-headed god. In ancient Egypt, this jar contained the liver - the sesame seeds has high levels of calcium and protein which is good for the liver.

Second tahini is raw tahini with addition of parsley root. designed with the head of Duamutef, the jackal-headed god. In ancient Egypt this jar contained the stomach. The addition of the parsley helps with the process of digestion.

Third tahini is tahini who is made from whole sesame seeds. designed with the Qebehsenuef, the falcon-headed god. In ancient Egypt, this jar contained the intestines. The whole sesame seeds Tahini is well known with rich assortment of minerals like Calcium and more, and Helps Prevent intestines diseases.

The idea of the packaging itself (the craft wrapping paper and rope) was to make a feeling of a ritual at the opening. The name "Hamadi" is the main logo in Hebrew on the wrapping paper and beneath it it says "Egyptian high quality Tahini".

On the brown labels attached to the jars is written the kind of the tahini (raw,whole and with parsley).

Inside the label is written the name of the god and an explanation. Beneath the jars there is a label of the nutrition facts and the ingredients. In addition there is a small package of tasting samples in small containers."

All made out of recycled wrapping paper and clay.

Tuvimos que desarrollar un nuevo concepto de envase para el Tahini (un condimento hecho a base de semillas de sésamo crudas de una consistencia similar a la mantequilla de cacahuete).

Mi concepto se basó en el diseño de los vasos canópicos usados en el antiguo Egipto para conservar las vísceras de quienes eran momificados a fin de usarlas en la otra vida. Utilicé tres cabezas de vasos canópicos distintas ya que hay tres tipos de Tahini.

El primer Tahini es Tahini crudo (sésamo sin procesar) y está diseñado con la cabeza de Imseti, el dios con cabeza humana. En el antiguo Egipto, este vaso contenía el hígado - las semillas de sésamo contienen niveles altos de calcio y proteínas, los cuales son beneficiosos para el hígado.

El segundo es tahini crudo al que se añade raíz de perejil. Está diseñado con la cabeza de Duamutef, el dios con cabeza de chacal. En el antiguo Egipto este vaso contenía el estómago. El añadir perejil ayuda en los procesos digestivos.

El tercer tahini está hecho de semillas de sésamo enteras. Su diseño tiene la cabeza de Qebehsenuef, el dios con cabeza de halcón. En el antiguo Egipto este vaso contenía los intestinos. Es sabido que las semillas de sésamo contienen gran cantidad de minerales, como por ejemplo el calcio y otros, y ayudan a prevenir las enfermedades intestinales.

La idea del envase en si misma (el papel de embalar y cuerda) era generar una sensación de ritual al abrirlo.

El nombre "Hamadi" es el logo principal en hebreo puesto sobre el papel de embalar y debajo aparece "Tahini egipcio de alta calidad".

En las etiquetas marrones pegadas a los frascos está indicado el tipo de tahini (crudo, entero y con perejil).

Dentro de la etiqueta está escrito el nombre del dios y una explicación. Debajo de los frascos hay una etiqueta con los ingredientes que también da información nutricional. Además, hay un pequeño paquete con muestras de sabores en pequeños contenedores.

Todo ello está confeccionado con papel reciclable y arcilla.

AROMATHERAPY

Studio Carla Cascales
Barcelona ◊ Spain
design & photography
Carla Cascales Alimbau
www.carlacascales.com

Packaging design and illustration for the aromatherapy line by Oysho based on natural and organic ingredients.
The design objective was to transmit calm and purity, playing this way with blank spaces and botanical drawings.

Diseño del envase e ilustraciones para la línea de aromaterapia diseñada por Oysho basada en ingredientes orgánicos y naturales.
El objetivo perseguido con este diseño era transmitir calma y pureza, jugando con espacios blancos y dibujos botánicos.

OHEE

Studio Mónica Reyes
Lima ◊ Perú
designer Mónica Reyes
www.monicareyes.co

OHEE was the response to the necesity of putting together the efforts of several indigenus communities in the deep jungle of Madre de Dios in Perú.

These communities shared language, customs and resources, but had grew appart due to the often lack of comunication technology. They needed to brand their products in order to make it appealing to the public and make a sustainable income using the resources that the woods gave them naturally.

So we picked a word from there common language, OHEE, wich means team.

We wanted to make them feel part of a bigger team, and remind them that helping each other means helping themselves.

OHEE fue la respuesta ante la necesidad de unir los esfuerzos de varias comunidades indígenas del bosque amazónico de Perú. Estas comunidades comparten idioma, costumbres y recursos, pero se habían distanciado, debido a la falta de tecnología de transporte y comunicaciones. Ellos necesitaban una marca para hacer sus prouductos más atractivos al público y de esa forma generar ingresos de manera sostenible, con lo que el bosque les ofrece de manera natural.

Entonces elegimos una palabra en su idioma nativo, OHEE que significa equipo. Queríamos hacerlos sentir como un equipo, y recordarles que ayudándose entre ellos se ayudaban a si mismos.

ANTICRISE

Studio Alex Celaire Design
Aix en Provence ◊ France
designer Alex Celaire
www.alexcelaire.com

In order to help people trying to have a better health, and to fight junk food, i create an easy growing kit. Your have different choice of seeds, like alfalfal, radish and fenugrec. Within 3-4 days, you will have plenty of crispy germinate seeds full of vitamins and minerals, the best way to healthier life.

Para ayudar a la gente a intentar mejorar su salud y luchar contra la comida basura, he creado un sencillo kit de cultivo. Tienes distintas opciones de semillas como alfalfa, rábano y fenogreco. En 3-4 días dispondrás de multitud de pequeñas semillas germinadas llenas de vitaminas y minerales, el mejor camino hacia una vida más sana.

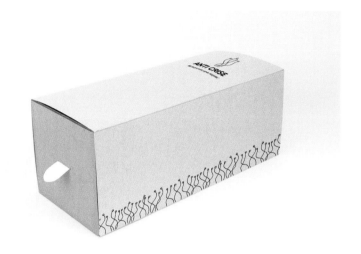
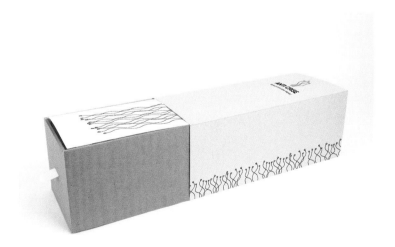

ANTICRISE

Studio Alex Celaire Design
Aix en Provence ◊ France
designer Alex Celaire
www.alexcelaire.com

GRAND CAFE

Student Project
Oslo ◊ Norway
designer Margrethe Næs
www.margrethe.naes.no

UCC-Coffee Grand Café promotes the social and economic benefits of certified coffee whilst providing a feel good factor and peace of mind to the customers who buy it. The concept is to visually re-think and revitalise the brand, creating designs that will not only communicate what great coffee Grand Café is, but also the good that it does. This project is a combination of cultural and rustic to promote the coffee process, what good coffee is well as the good work behind. I've focused to creating personality, expressing a strong message and a good recognition. Today we take coffee as granted and don't think about how much work it is to produce, and the people need a reminder. I give plantation workers a voice by showing hard work, sustainable, human right, cultural and natural in an honest and friendly way.

UGC-Coffee Grand Café promueve los beneficios sociales y económicos de un café certificado mientras que al mismo tiempo proporciona bienestar y paz de espíritu a los clientes que lo compran. El objetivo es re-pensar visualmente y revitalizar la marca creando diseños que no solo comuniquen lo buen café que es Gran Café, sino también lo beneficioso que es. Este proyecto es una combinación de cultura y rusticidad para promover el proceso de fabricación del café, lo bueno que es el café y el trabajo que hay detrás. Me he concentrado en crear personalidad, en expresar un mensaje sólido y un reconocimiento positivo. Hoy en día asumimos el café como algo normal y no nos damos cuenta de cuánto trabajo lleva producirlo, y la gente necesita que se lo recuerden. He dado voz a los trabajadores de las plantaciones dando a conocer su trabajo duro, sostenible, el lado humano, el cultural y natural, de una forma honesta y amistosa.

FLOWER

Studio Ciclus
Barcelona ◊ Spain
designer Tati Guimarães
www.ciclus.com

The packaging is a modern retake of the old straw baskets for flowers but it's weave is in the form of a garden lattice.

The idea was, through these concepts, to bring a sensation of life to the fresh air. Another important feature is that the packaging is multifunctional and, after using it as packaging, it can be converted into a vase, lamp, plant pots, pedestals, etc... The packaging is made with a minimum amount of materials and processes; and with the aim of generating the maximum amount of sensations and functions. The lids are made from 100% recycled plastic and the rest of the packaging is made from 100% recycled compact cardboard which all comes from a single mould. The packaging is delivered flat to facilitate and minimise transport and delivery.

Este packaging, es una relectura contemporánea de los antiguos cestos de paja para llevar flores, pero su trama tiene la forma de celosias de jardin.

La idea, fue que a través de estos conceptos, plasmar la sensación de la vida al aire libre. Otro punto importante, es que el packaging es multifuncional, después de su uso como embalaje, se convierte en jarrón, lámpara, platitos para macetas, pedestal, etc...

Esta hecho con el mínimo de materiales y procesos; con el fin de generar el máximo de sensaciones y funciones. Las tapas están hechas en plástico 100% reciclado y el resto del embalaje esta hecho en cartón compacto 100% reciclado y sale todo de un sólo troquel.

Se entrega en plano para facilitar y minimizar el transporte y el almacenaje.

FLOWER

Studio Ciclus
Barcelona ◊ Spain
designer Tati Guimarães
www.ciclus.com

MOLOKO

Student Project
London ◊ UK
designer Bethany Hall
www.bethanyhall.co.uk

When tasked with designing something that enabled people to look after their microbiome I wanted to create a product that was sustainable and usable long term that allowed people to make their own probiotics.

My research started with looking at various forms of probiotic but after look at products like Yakult, I realised these became expensive. I wanted to convince people to make probiotics a part of their routine. After finding out about a fungus called Kefir, I realised this is a perfect ingredient to my kit. Kefir can be stored for a long time and when used it multiplies to create more of itself. When combined with milk in a warm place it causes good bacteria to grown in the milk. I decided to create a product that looks beautiful and can be stored at home in the fridge or cupboard that allows people to make this themselves any time they like. Not only that but once they grown enough they can pass it on to their friends. My product includes all of the ingredients needed to create kefir except milk. It also includes a pad for recipes and an instruction sheet.

Cuando empecé la tarea del diseño de algo que permitiese a la gente cuidar de su microbioma, quería crear un producto que fuera sostenible y que se pudiese usar a largo plazo permitiendo a la gente crear sus propios probióticos.

Mi investigación empezó observando los distintos tipos de probióticos, pero después de observar productos como el Yakult, me di cuenta de que son caros. Quería convencer a la gente para hacer el hecho de producir sus propios probióticos una parte de su rutina. Después de encontrar un hongo llamado kefir, me di cuenta de que este era el ingrediente perfecto para mi kit. El kefir se puede almacenar durante largo tiempo y puede servir para crear más kefir. Cuando se combina con leche en un lugar cálido produce una bacteria que se reproduce en la leche. Decidí crear un producto de aspecto atractivo y que pudiese almacenarse en casa, en el frigorífico o en un armario, para que permitiese a la gente hacerlo ellos mismos cuando quisiesen. Es más, que una vez tengan suficiente puedan pasárselo a sus amigos. Mi producto incluye todos los ingredientes necesarios para crear kefir menos la leche. También incluye un bloc de notas para recetas y una hoja de instrucciones.

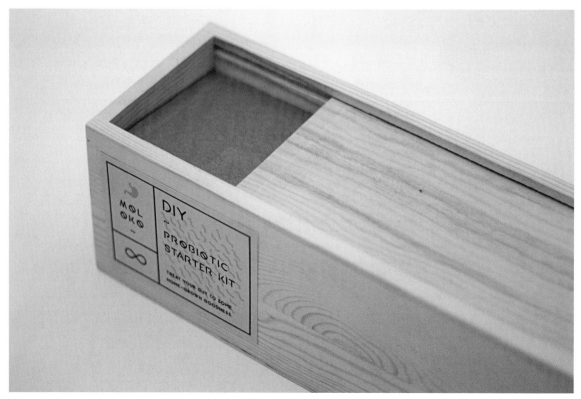

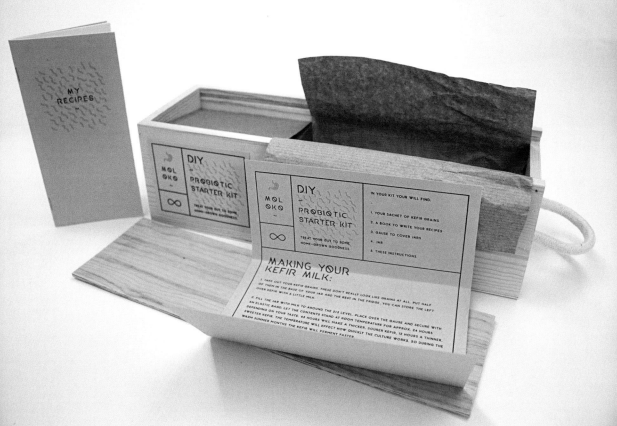

INFINITY

Studio Mary Vinogradova
Kharkiv ◊ Ukraine
designer Mary Vinogradova
www.behance.net/marivin

Infinity is a concept of jewelry packaging of the future.
Material: veneer, namely the trimming veneer (mixed breed). The form represented by three movable parts and due to repeatability of wood stripes, the form in turn associated with the eternity of time, because everything goes in circles and returns to the starting point. Top cover packing, moving vertically opening and closing the inner content of the package. Inside is a ring which is also on a mobile base. The packaging was entirely made by hand. The creation process consisted of many complex preparatory stages. The packaging is unique in its shape and form. Besides, it is sufficiently pleasant to the touch and creates an atmosphere of cosines and intimacy in the moment of giving jewelry.

Infinity es un concepto de estuche para joyas del futuro.
Material: chapa, concretamente chapa recortada (tipo mixto). La forma se representa con tres partes móviles que debido a la posibilidad de repetir las franjas de madera se asocia a su vez con la eternidad del tiempo, porque todo se mueve en círculos y vuelve al punto de partida. La tapa del estuche, se mueve verticalmente, cubriendo y descubriendo el contenido interior del estuche. Dentro hay un aro que también está sobre una base móvil. El estuche está enteramente confeccionado a mano. El proceso creativo consiste en una serie de complejos estadios preparatorios. El estuche es único en su forma y tipo. Por otra parte, es suficientemente agradable al tacto y crea una atmósfera acogedora e íntima en el momento de la entrega de la joya.

DOMILOVO

Agency Getbrand
Moscow ◊ Russia
designer Kseniya Eliseeva
illustration Pavel Pavlov
art-direction Andrey Gornov
www.getbrand.ru

Domilovo translated from Russian is sweet home. Design concept was inspired by a henroost. It is actually a nest made of rough pressed cardboard — new shape which stirs pleasant emotions and enriches brand communication - a pure fresh farm product.
The box contains 7 eggs. All eggs are hand picked and hand packed. The cover is closed densely not allowing eggs to move in a box and protecting them from damage. The box is made of the dense pressed cardboard — eco-friendly processed material. Design works for perception of texture, structure and shape all make an outstanding emotional impression. Domilovo was designed to bring in a piece of farm life to your everyday life.

Traducido del ruso Domilovo significa dulce hogar. El concepto del diseño se inspira en un nido de gallina. Realmente es un nido hecho de cartón presionado de forma irregular –una nueva forma que inspira diferentes emociones agradables y enriquece la comunicación de la marca– un producto puro fresco de granja.
La caja contiene 7 huevos. Todos ellos han sido escogidos y empaquetados a mano. La tapa se cierra firmemente impidiendo que los huevos se muevan en el interior de la caja y protegiéndolos de posibles daños. La caja está hecha de cartón compacto prensado – producto ecológico procesado. El diseño trabaja la percepción de la textura, la estructura y la forma consiguiendo una remarcable impresión emocional. Domilovo se ha diseñado para traer un trozo de la vida en la granja a tu vida cotidiana.

FI CLOTHING

Studio Fanni Demecs
Budapest ◊ Hungary
designer Fanni Demecs
www.behance.net/fannidemecs

T-shirt and sock packaging is taken to the next level with a colourful wooden substrate. The "Fi" logo is laser cut on plywood and highlighted with an array of neon colours. The overall design caters to a more youthful audience in their teens to early 20s. The task was to pack 2 things together. First I made a packaging for 2 t-shirts. I choose a ligature to use, as a symbol of together / apart.
Later I expand the project to 3 packaging brand. Simple t-shirt & socks packaging with simple typography and neon colours.

El embalaje para camisetas y calcetines es más innovador gracias a la caja de madera con color. El logo "Fi" se corta en contrachapado y se destaca con un despliegue de colores flúor. El diseño en general se dirige a un público joven en su adolescencia o en su veintena. La tarea era empaquetar dos cosas juntas. Primero hice un paquete para 2 camisetas. Elegí el cierre para usarlo como un símbolo de juntos / separados. Más tarde amplié el proyecto a una línea de pack de 3 cajas: camiseta y calcetines, con una tipografía sencilla y colores flúor.

LE LABO

Student Project
Lille ◊ France
designer Lucille Derensy
cargocollective.com/lucillederensy

On the occasion of the release of the new series « Thé Noir 29 » of Le Labo Fragrances, I decided to create a unique packaging. This fragrance, characterized by forested and full-bodied notes, offers the opportunity to work a recyclable and environmentally friendly material: wood. The packaging consists of a sliding opening box, and a cushion of tea leaves to protect the perfume bottle.

Con ocasión del lanzamiento de la nueva serie "Thé Noir 29" de Le Labo Fragrances, decidí crear un estuche único. Esta fragancia que se caracteriza por notas boscosas y de cuerpo sólido, ofrece la oportunidad de trabajar con un material ecológico y reciclable: la madera. El estuche consiste en una caja de madera con puerta deslizante y en un cojín de hojas de té para proteger la botella de perfume.

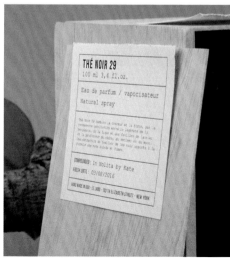

NATURKING

Studio Fanni Demecs
Budapest ◊ Hungary
designer Fanni Demecs
www.behance.net/fannidemecs

The commission came from a Hungarian company, Vitaking Supplements who carries pioneering activities in the field of healthy eating and supplements popularisation. The new product line, Naturking is primarily intended to target health attentive, conscious and affluent customers. Their products one and all came from natural sources and certified suppliers. The manifesto of the company is, eat what you usually eat and complete it with multivitamins, botanical extracts. The Food for Life slogan carries the naturalness, health, and the linking of these two values.

El encargo llegó de una empresa húngara, Vitaking Supplements, que lleva a cabo actividades pioneras en el campo de la alimentación sana y la popularización de suplementos. La nueva línea de productos, Naturking, pretende principalmente dirigirse a una clientela preocupada por la salud, concienciada y de un cierto poder adquisitivo. Sus productos son todos y cada uno de fuentes naturales y de proveedores certificados. El manifiesto de la compañía es: come lo que comas de costumbre y complétalo con multivitaminas y extractos botánicos. El eslogan "Food for Life" lleva consigo la naturaleza, la salud y la relación entre estos dos valores.

154

NATURKING

food *for* life

100%

SELYEM LISZT

| *magas minőségű* | *prémium liszt*

NATURAL FOOD

PREMIUM QUALITY

ECO FRIENDLY

| és hőhatásnak,
és során.

PRÉMIUM

100%

MANDULA-AMARÁNT LISZTKEVERÉK

hidegen sajtolt | *magas minőségű* | *prémium liszt*

A termék nem volt kitéve kémiai és hőhatásnak, sem az előkészítés, sem a préselés során.

PALEO táplálkozásnak megfelelő

Glutènmentes

NATURAL FOOD

ECO FRIENDLY

BIO

100%

SZEZÁMMAG L

hidegen sajtolt | *magas minőségű* | *pré*

A termék nem volt kitéve kémiai és hőhatásnak, sem az előkészítés, sem a préselés során.

PALEO táplálkozásnak megfelelő

Glutènmentes

NATURKING

Studio Fanni Demecs
Budapest ◊ Hungary
designer Fanni Demecs
www.behance.net/fannidemecs

NATURKING

food *for* life

100%

SUPER FOOD

organikusan termelt | *magas minőségű* | *prémium termék*

ECO
FRIENDLY

PREMIUM
QUALITY

NATURAL
PRODUCT

A termék nem volt kitéve kémiai és hőhatásnak,
sem az előkészítés, sem a préselés során.

PALEO táplálkozásnak megfelelő

Gluténmentes

250g

NATURKING

food *for* life

100%

KALE FOOD

organikusan termelt | *magas minőségű* | *prémium termék*

NATURAL
FOOD

PREMIUM
QUALITY

ECO
FRIENDLY

A termék nem volt kitéve kémiai és hőhatásnak,
sem az előkészítés, sem a préselés során.

PALEO táplálkozásnak megfelelő

Gluténmentes

180g

MARGAO

Student Project
Torres Novas ◊ Portugal
designer Pedro Azedo
www.behance.net/pedro_azedo

The packaging is made of seed paper. After using it, you can plant the paper in a pot of soil or outside in a garden, and the seeds in the paper will germinate and grow into plants. Intutive illustrations explain how to grow the seed paper after using the product. Encourages the consumption of organic and fresh herbs. Nothing is more natural and authentic than contacting with nature.

El embalaje está hecho de papel de semillas. Después de usarlo se puede plantar el papel en una maceta con tierra, o fuera en el jardín, y las semillas germinarán y crecerán hasta convertirse en plantas. Una serie de intuitivas ilustraciones explican cómo plantar el papel de semillas después de haber usado el producto.
Anima a consumir productos orgánicos y hierbas frescas. No hay nada más natural y auténtico que el contacto con la naturaleza.

TEA

Student Project
Hatfield ◊ UK
designers Caroline Slåttland
Solheim, Joanna Hobbs,
Tomoko Monno
www.caroline-solheim.com
www.joannahobbs.co.uk
www.the-dots.com/TomokoMonno

We created a tea shop with a twist – this isn't just another tea shop, it's an experience. 'TEA' offers ready-blended teas for every personaliTEA, or you can use your creativiTEA to infuse your own individual blend. We captured the 'British' culture of tea through word play, nostalgia and a slight eccentricity. All the products are fair-trade making sure some money goes back to the tea farmers: 'community to community'.

Creamos una casa de té con algo especial – esta no es solo una casa de té más, es una experiencia. "TEA" ofrece mezclas de té listo para usar para cada personaliTÉ, o puedes utilizar tu propia creativiTÉ para crear tu propia mezcla personal. Capturamos la cultura 'británica' del té a través de juegos de palabras, nostalgia y un poquito de excentricidad.
Todos los productos son de comercio justo, lo que garantiza que parte de las ganancias van a parar a aquellos que lo cosechan: "de comunidad a comunidad".

SUPERSEEDS

Studio B&B
London ◊ UK
designer Zoe Ballantine-Woods
www.bandb-studio.com

B&B's supersexy designs for Punch Foods' Superseeds cash in on the collectibility factor. Each purse-sized tube features an origin-inspired illustration that works equally beautifully across pouches too! Names were reworked to better reflect the taste profile of each snack, while vivid colours bring a new vibrancy to a wholesome category.

Los diseños supersexys de B&B para las Supersemillas de Punch Foods sacan provecho del factor de la coleccionabilidad. Cada tubo de tamaño-monedero luce una ilustración inspirada en el origen ¡Lo que funciona maravillosamente también con los bolsillos! Los nombres se rehicieron para reflejar mejor el perfil preferido de cada aperitivo, mientras los colores vivos traen una nueva vitalidad a la categoría de lo saludable.

SUSTAINBOX

Student Project
Santiago ◊ Chile
designer Eduardo Villarroel
www.behance.net/eduardovillarroel

Sustainbox is an alternative packaging of shoes, which balances the three areas of environmental sustainability.
It is made of recycled cardboard and its production needs less processes and material. You can easily transport it, which makes plastic bags unnecessary.
It is reusable as a shoe shelf and reduces the need of space in the moment of storage at home.

Sustainbox es una caja de zapatos alternativa que equilibra las tres áreas de la sostenibilidad ambiental.
Esta hecha de cartón reciclado y su producción necesita menos procesos y material. Se puede transportar con facilidad, lo cual evita bolsas de plástico innecesarias. Se puede reutilizar como zapatero y reduce la necesidad de espacio a la hora de guardarlos en casa.

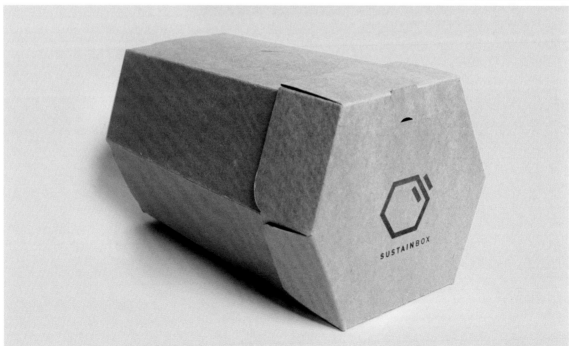

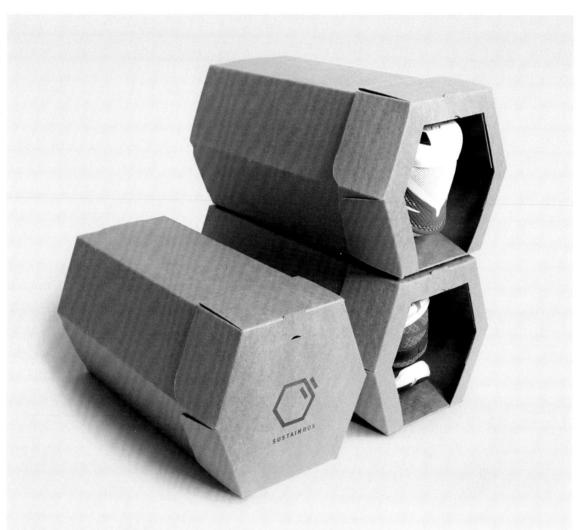

AFRICAN COLORS

Studio Caroline Slåttland
Oslo ◊ Norway
designer
Caroline Slåttland Solheim
photographer
Helene Nøkland Lund
www.caroline-solheim.com

The task was to sell a product form a developing country in Norway.
I chose 'Sole Rebels' from Ethiopia. They produce shoes from organic and recycled materials from their community, and the money goes back to the community to give them a better future. The shoebox has a homemade african pattern.
All materials are from their own community and 100% ECO friendly.

La tarea era vender un producto de un país en vías de desarrollo en Noruega. Escogí 'Sole Rebels' de Etiopía. Producen zapatos de materiales orgánicos y reciclados de entre su comunidad, y el dinero vuelve a la comunidad para darles un futuro mejor. La caja de zapatos tiene un patrón casero africano. Todos los materiales son de su propia comunidad y 100% ecológicos.

GOOD MOMENT

Agency MIO MIO Team
Taipei ◊ Taiwan
designers Chang Yen, Zoey
Chou, Hanji Huang, Sirius Hsieh,
Elly Shih.
special thanks for Shin Wang
www.behance.net/gallery/
35632981/Good-Moment

24 hours a cycle, the same applies to organs functioning. Human bodies and organs both require plenty of rest within this cycle. However, many people have trouble managing their time causing them to be unable to rest accordingly.
As a result, heavy burdens are inflicted on their organs. Specific Traditional Chinese Herbal Medicines have been created to heal particular organs in order to nurse the entire body to a good level of health. Thus by having 12 types of herbal medicine teas to heal the organs corresponding with organ operating time within the 12 divisions of the day (According to Traditional Chinese Medicine, it divides 24 hours into 12 divisions where each division has two hours), consumers would be nourished and achieve maximum health.

Un ciclo de 24 horas, lo mismo sucede con el funcionamiento de los órganos. El cuerpo humanos y sus órganos necesitan mucho descanso dentro de este ciclo. Sin embargo, a mucha gente le cuesta organizar su tiempo, lo cual conlleva la imposibilidad de descansar de acuerdo a esta realidad.
Como resultado a los órganos se les infligen cargas excesivas. Las Hierbas Medicinales Chinas Tradicionales Específicas han sido creadas para curar órganos del cuerpo en particular y así cuidar el cuerpo al completo para alcanzar un buen nivel de salud. De este modo, con 12 tipos de infusiones de hierbas medicinales que se corresponden en número con las 12 divisiones del día (de acuerdo con la Medicina Tradicional China el día se divide en 12 periodos de 2 horas cada uno), los consumidores se nutrirían y alcanzarían un nivel de salud óptimo.

GOOD MOMENT

Agency MIO MIO Team
Taipei ◊ Taiwan
designers Chang Yen, Zoey Chou,
Hanji Huang, Sirius Hsieh, Elly Shih.
special thanks for Shin Wang
www.behance.net/gallery/35632981/
Good-Moment

BIO4 NATURAL

Studio Musse Ecodesign
Lisbon ◊ Portugal
designer Patrícia Freitas
www.musse-ecodesign.pt

Bio4 Natural is a Portuguese brand of biological and vegetable cosmetics, a combination between the most sophisticated production techniques and the respect for nature. All the products are made with biological ingredients, not tested on animals and Ecocert greenlife certified.

This packaging was created to fold a collection of three handmade soaps with different textures and benefits: Original, with pine seed oil. Scrub, with milled granules from almond shell. Purify, with coal granules from almond shell. The main idea was to establish a link between the soap surface and the paper texture. We choose a family of cardboards with different textures (Constellation, from Fedrigoni), wich are very strong and doesn´t need any plastic or varnish protection, making the production process simpler and eco friendly.

The layout is very clean, based on typography work with the charming of hot foil stamping. As a natural product, the soap exudes some oil. The solution was to fold them in the paper that protects the offset printing plates, transforming waste in premium packaging components.

Bio4 Natural es una marca portuguesa de cosméticos vegetales y orgánicos, una combinación entre las más sofisticadas técnicas de producción y el respeto por la naturaleza. Todos sus productos están compuestos de ingredientes orgánicos, no testados en animales y certificados por Ecocert Greenlife.

El envase fue creado para envolver una colección de tres jabones hechos a mano con diferentes texturas y efectos benéficos: Original, con aceite de semillas de pino. Scrub, con gránulos molidos de cáscara de almendra. Purify, con gránulos de carbón de cáscara de almendra. La idea principal era la de establecer una relación entre la superficie del jabón y la textura del papel. Elegimos una gama de cartones con diferentes texturas (Constellation, de Fedrigoni), que son muy resistentes y que no necesitan ningún tipo de protección de barniz o plástico, haciendo el proceso de producción más sencillo y ecológico.

La presentación es muy clara, basada en el trabajo tipográfico con el encanto del estampado en caliente. Como todo producto natural, el jabón exuda algo de aceite. La solución fue envolverlo en el papel que protege los cilindros de la máquina de impresión, transformando el desecho en componentes de envasado de alta calidad.

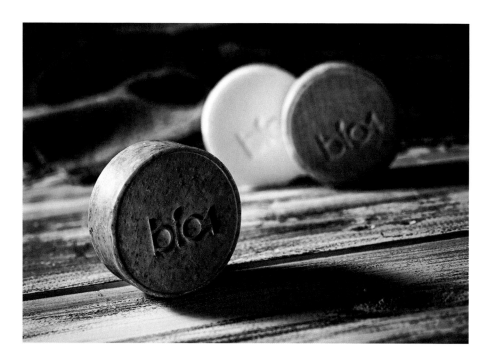

KIKIKUMI

Student Project
Montreal ◊ Canada
designer Maxime Archambault
www.maximearchambault.com

This packaging is a case study to talk about upcycle. I worked with the brand Kikikumi to develop a packaging for its T-shirts. The T-shirt is made with organic cotton, and the sleeves are made from upcycled second-hand jeans.
I used this same mind-set to make the T-shirt box, mix an ethical product with upcycling. I combined paper made from cotton and leftover denim with used cereal boxes. On the back we inform the customer about the product, where it came from, and about what upcycling is.

Este paquete es un caso de estudio para hablar sobre la reutilización. Trabajé con Kikikumi para desarrollar un paquete para sus camisetas. Las camisetas están hechas de algodón orgánico, y las mangas de vaqueros de segunda mano.
Usé el mismo razonamiento para hacer la caja para camisetas, una mezcla de producto ético y reutilizado. Combiné papel hecho de algodón y restos de tela vaquera con cajas de cereales usadas. En la parte posterior se informa al cliente sobre el producto, de donde viene y sobre que es la reutilización.

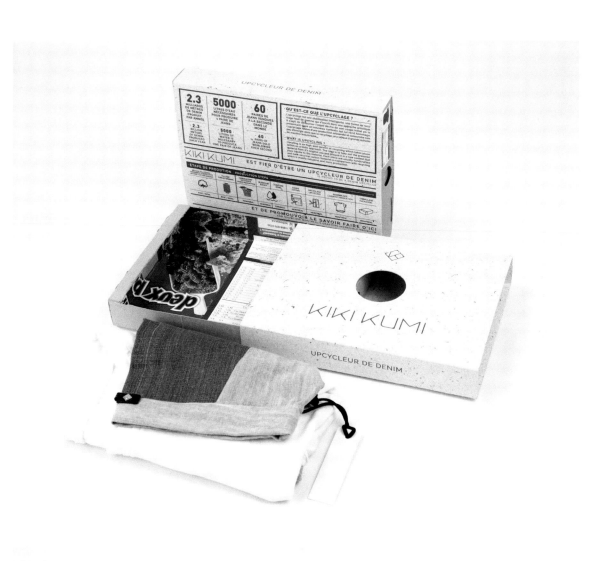

CHAGA SHAMAN

Student Project
Montreal ◊ Canada
designer Maxime Archambault
www.maximearchambault.com

For this packaging, the exercise was to bring storytelling to life through the visuals. The story is simple: In the summer of 2014, my father and I went to a birch tree forest to harvest chaga.

What is chaga? It's a mushroom that grows on birch trees in northern regions. The chaga is well-known for its health properties.

My personal goal was to bring the user as close as possible to my experience of harvesting these mushrooms in the forest. To do that, I designed a box that looks like a birch tree. When you put the boxes side by side, they look like a small forest. The box has a simple, original design that reflects the simplicity of the product, and conveys feelings of quality and craftsmanship.

Para este envase el ejercicio fue dar vida al los cuentacuentos a través de lo visual. La historia es simple: en el verano de 2014 mi padre y yo fuimos a un bosque de abedules a recoger "chagas".

¿Qué son las chagas? Son unas setas que crecen en los bosques de abedules en regiones nórdicas. Son bien conocidas por sus propiedades saludables.

Mi objetivo personal era el de hacer participar al usuario de la forma más cercana posible de mi experiencia de recoger setas en el bosque. Para ello, diseñé una caja que recuerda a un abedul. Cuando se colocan las cajas las unas junto a las otras, parecen un pequeño bosque. El diseño de la caja es simple, original y nos transmite una impresión de calidad y artesanía.

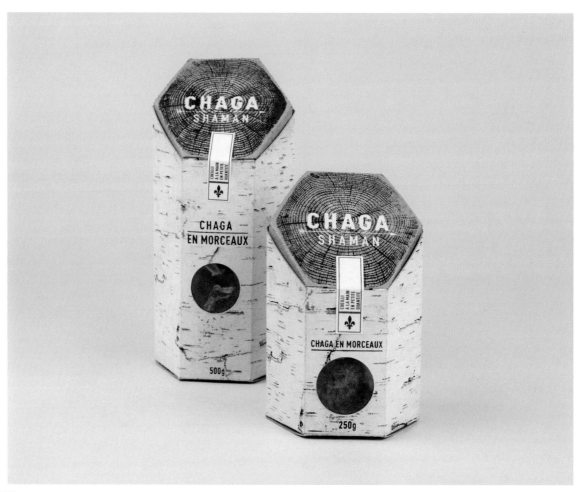

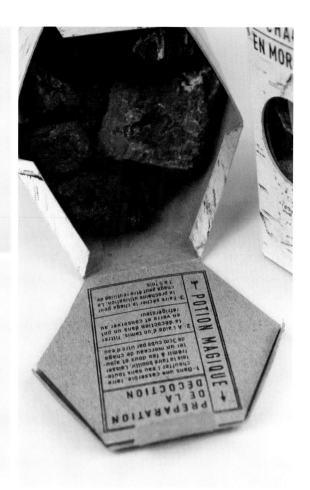

CHAGA EN MORCEAUX

250g

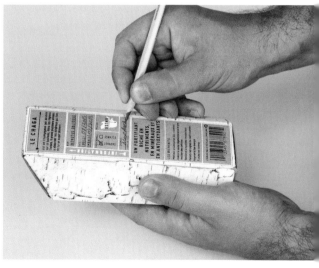

LA BOQUERIA

Student Project
Barcelona ◊ Spain
designers Paula Sánchez,
Laia Truque, Miriam Vilaplana
cargocollective.com/hellolaia
behance.net/paulasanchezcarpio
behance.net/miriamvilaplana

The aim of this project was to improve the current package used in the Boqueria market to serve fresh sliced fruit: a plastic glass. The main problem found was the material used in this kind of packages because of its short life cycle. Also, the plastic glass had not a "personal" graphic for each market stand.

As the package itself is a disposable product and the main consumers are tourists and wanderers who visit the most important market of Barcelona, this package produces a huge amount of trash. That is why the objective was to make the package more eco-friendly. The inspiration was given by origami. The result: a package made of refined paper quite easy to fold and assemble which uses a wooden stick as a closing element as well as a fork, with the possibility of being customized by each seller.

La meta a alcanzar con este proyecto era mejorar el actual envase utilizado en el mercado de la Boquería para servir fruta fresca en rodajas: un vaso de plástico. El mayor problema con el que nos encontramos fue el tipo de material utilizado en estos envases debido a su corto ciclo de vida. Además, el vaso no tiene un gráfico "personal" para cada puesta de mercado.

Como es el mercado más importante de Barcelona, y lo visitan diariamente gran cantidad de turistas y curiosos, la cantidad de desechos que se producen es enorme ya que el envase es desechable. Por eso el objetivo era crear un envase más ecológico. La inspiración nos vino de la papiroflexia. El resultado: un envase fabricado de papel refinado, bastante fácil de plegar y montar, con un palillo como elemento de cierre y que a la vez cumple la función de tenedor, con la posibilidad de ser personalizado por cada vendedor.

BENNISON

Agency Gyro
New York ◊ USA
chief creative officer
Christoph Becker
executive creative directors
Vito Zarrillo & Keith Loell
art director Vanessa Marquez
photographer Stanley Hsu
copywriters
Kenneth Hein & Jon Ransom
www.gyro.com

The World Health Organization estimates 42% of infant deaths could be caused by hypothermia. From the moment a baby is born, a newborn's temperature is constantly fluctuating –even in warmer climates– putting them at risk of hypothermia and, in some cases, death.

Bennison, a maker of high-end children's sleepwear, set out to make a difference in a new way. With each sale, Bennison donates and delivers pajamas to some of the poorest regions around the world. Many impoverished areas lack access to anything but communal bar soap to clean the pajamas – which actually spreads germs rather than eliminates them. And because pajamas are so important to protecting newborns, keeping them clean and germ-free are equally important. Which is why we created the "Baby Care Wear" package. Each donated pajama is wrapped in a package made entirely of water-soluble, non-toxic, biodegradable soap paper. Even the ink washes away since it's the same kind hospitals use for baby footprints. All it takes is a bucket, water and a small piece of the package to clean the pajamas and keep children warm and healthy.

La Organización Mundial de la Salud estima que el 42% de las muertes de bebés son causadas por la hipotermia. Desde el momento en que el bebé nace, la temperatura del recién nacido fluctúa constantemente –incluso en climas cálidos– poniéndolos en riesgo de hipotermia, y en algunos casos incluso de muerte. Bennison, un fabricante de ropa de cama de gama alta para niños, decide marcar la diferencia de con un concepto nuevo. Con cada venta, Bennison dona y entrega pijamas a algunas de las regiones más pobres del planeta. En muchas zonas empobrecidas no tienen de acceso a nada que no sea la pastilla de jabón comunal para lavar los pijamas – lo que realmente más que eliminar los gérmenes los extiende. Y dado que los pijamas son tan importantes para proteger a los recién nacidos, el mantenerlos limpios y libres de gérmenes es igualmente importante. Esta es la razón por la cual creamos el paquete "Baby Care Wear". Cada pijama que se dona se envuelve en un embalaje biodegradable hecho en su totalidad de papel jabón soluble, no tóxico y biodegradable. Incluso la tinta desaparece, ya que es la misma que se usa en los hospitales para tomar las huellas de la planta de los pies de los recién nacidos. Todo lo que se necesita es un cubo, agua y un trocito del embalaje para limpiar el pijama y mantener los niños calientes y sanos.

1 TEAR PACKAGE

2 PLACE IN WATER

3 WASH CLOTHING

CONTREBANDIERS

Student Project
Montreal ◊ Canada
designer Maxime Archambault
photo Jana Taillade
www.maximearchambault.com

Inspired by the period of the prohibition, Quebec's Contrebandiers whiskey is proposed hidden inside a solid block of wood from which we can extract the bottle with a thinny red thread. The bottle is wrapped in a map to follow the path of the Montreal smugglers to the United States. The brand using the raccoon with his masked bandit air evokes this very common rodent that is about everywhere in Quebec, even in cities.

Inspirado en la época de la prohibición, el whisky Quebec's Contrabandiers se presenta escondido en el interior de un sólido bloque de madera del cual extraemos la botella con un delgado cordel rojo. La botella viene envuelta en un mapa que indica el camino que seguían los contrabandistas desde Montreal hasta los Estados Unidos. La marca usa al mapache, con el aire de bandido enmascarado que evoca este común roedor que encontramos por todas partes en Quebec, incluso en las ciudades.

CONTREBANDIERS

Student Project
Montreal ◊ Canada
designer Maxime Archambault
photo Jana Taillade
www.maximearchambault.com

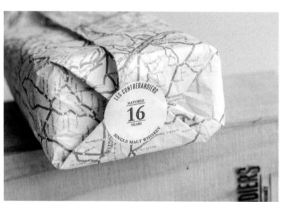

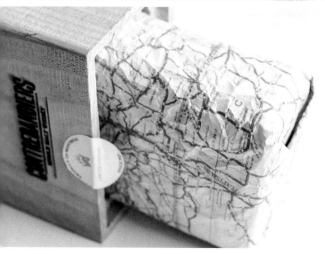

CONDURU

Studio Zoo
Vic-Barcelona ◊ Spain
designers
Xevi Castells, Gerard Calm
www.zoo.ad

Conduru is an exclusive chocolate that comes from a small cocoa plantation in Brazil. With this cocoa, 100 chocolate cylinders of 1 kg have been produced in order to get a limited series of 100 packs. The first of them, and always the most special, was delivered to Pierre Hermé, named the world's best pastry chef at the 2016 World's 50 Best Restaurants ceremony in New York.

The concept and design of the pack come from the idea of taking advantage of the main material that farmers use to store the cocoa, the wood. So, we searched different kinds of wood, with different thicknesses, some natural woods, and some other with natural dying. The chromatic composition and the different thicknesses provide rhythm, spontaneity and a recall of respect towards the environment.

The combination of colours and thicknesses of the wood make all the packs different. The cylindric form gives it a lot of personality and a touch of exclusivity. Also in the design of the brand Conduru, the use of different kinds of font with the unbalanced kernnings reinforce the idea of improvisation and the fact that it is a genuine pack. The cylinder of chocolate comes protected by golden metal paper, a color that combines perfectly with the different tones of wood of the outside. The pack gets closed by magnets.

Conduru es un exclusivo chocolate que proviene de una pequeña plantación de cacao en Brasil. Con este cacao se han producido 100 cilindros de chocolate de 1 kilo cada uno con el objetivo de producir una serie limitada de 100 paquetes. El primero de ellos, y siempre el más especial, se entregó a Pierre Hermé, elegido como el mejor Pastelero del mundo durante la ceremonia de los World's 50 Best Restaurants de 2016 en Nueva York.

El concepto y el diseño del envase vienen de la idea de aprovechar el material principal usado por los productores de cacao, la madera. Así que buscamos diferentes tipos de madera, con diferentes grosores, algunas maderas naturales, y otras con tintes naturales. La composición cromática y los distintos grosores le dan ritmo, espontaneidad y nos recuerdan el respeto por la naturaleza.

La combinación de colores y grosores de la madera hacen que cada envase sea diferente. La forma cilíndrica le da mucha personalidad y un toque de exclusividad. Además, en el diseño de la marca Conduru, el uso de diferentes tipos de fuente con espacios irregulares entre caracteres, refuerza la idea de improvisación y el hecho de que es un envase genuino. El cilindro de chocolate viene protegido por un papel metálico dorado, un color que combina perfectamente con los diferentes tonos madera del exterior. El envase se cierra con imanes.

CONDURU

Studio Zoo
Vic-Barcelona ◊ Spain
designers
Xevi Castells, Gerard Calm
www.zoo.ad

189

PACKAGE COMPARATIVE

GLASS BOTTLE

- High cost of production and material
- Heavier - Waste during transport

TETRA BRIK PACKAGE

- Need to separate materials for recycling
- Use a lot of water for recycling process

RE-PACK

- Materials already separated, making recycling easier and more sustainable
- Less paper production
- Less plastic production

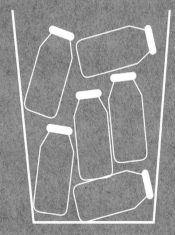

Rigid plastic package or glass bottle

Better storage during discard

Flexible bioplastic package